Anselm Ritter von Feuerbach · Kaspar Hauser

Anselm Ritter von Feuerbach

KASPAR HAUSER

Beispiel eines Verbrechens am Seelenleben des Menschen

herausgegeben und eingeleitet von
Peter Tradowsky

Rudolf Geering Verlag
Goetheanum · Dornach

Ungekürzter Nachdruck der 1832 in Ansbach erschienenen Erstausgabe.
(Die Orthographie ist an die heute geltenden Regeln angepaßt worden.)

Frontispiz S. 2: Lithographie von G. Bodmer nach einem Gemälde von Kreul.

Einbandgestaltung: Walther Roggenkamp nach dem Pastellgemälde von Kreul (1830), heute im Martin von Wagner-Museum der Universität Würzburg. Feuerbach fügte einen Stahlstich dieses Bildes seinem Kaspar Hauser-Buch von 1832 bei.

Gesamtherstellung Zobrist & Hof AG, CH-4410 Liestal
ISBN 3-7235-0358-6

Inhalt

Einleitung

Anselm Ritter von Feuerbach (* 14. November 1775 in Hainichen bei Jena, † 29. Mai 1833 in Frankfurt/Main) ist durch Ruf, Rang und Alter die Persönlichkeit, die für Kaspar Hausers öffentliches Ansehen und sein Bekanntwerden in Europa die weitaus bedeutendste Rolle gespielt hat. Von einem Manne, der es allein durch die in ihm liegenden Fähigkeiten als Kriminalist, Rechtsgelehrter und Richter schon in jungen Jahren zu einer internationalen Größe gebracht hatte, ernstgenommen und – man darf schon sagen – geliebt zu werden, das machte Kaspar Hauser zu einer Erscheinung, auf die man in weiten Kreisen von vorneherein als etwas Besonderes hinschaute. Es verdient immerhin festgehalten zu werden, daß Feuerbach nicht durch seine Stellung als Präsident des Appelationsgerichts zu Ansbach mit Kaspar Hauser in Beziehung trat, sondern allein durch sein eigenes Interesse. «Schon war Kaspar Hauser weit über einen Monat zu Nürnberg, als ich unter den neuesten Neuigkeiten von diesem Findling erzählen hörte. Amtliche Anzeigen über dieses Ereignis waren den obersten Behörden der Provinz noch nicht zugekommen. Bloß als Privatmann, aus menschlichem und wissenschaftlichem Interesse, begab ich mich daher am 11. Juli (1828) nach Nürnberg, um diese in ihrer Art einzige Erscheinung zu beobachten.»

Wie tief und umfassend Feuerbach von Kaspar Hauser und seinem Schicksal ergriffen wurde, hat er selbst in unübertreffbarer Weise seinem Freund Hitzig nach Berlin geschrieben: «Wenn ich Sie nur noch einmal wiedersähe, was wollten wir beide nicht über den allermerkwürdigsten aller merkwürdigen Kriminalprozesse, dergleichen in Jahrtausenden vielleicht noch nicht ein einziges Mal vorgekommen, über meinen lieben, wunderbar rätselhaften Findling Kaspar Hauser verhandeln! Seit Jahren ist er der erste und wichtigste Gegenstand meines Beobachtens, Forschens und Sorgens, meiner höchsten Teilnahme als Mensch, Gelehrter und Staatsbeamter» (15. Mai 1830).

Mit Hitzig gemeinsam wollte Feuerbach durch eine «Kollekte» ein Kapital zusammenbringen, während das «Kind von Europa» seine materiellen Bedürfnisse – frei und unabhängig – befriedigen sollte. «Meine Gedanken gehen auf nichts Geringeres als auf eine europäische Subskription», schreibt er an Hitzig (7. April 1830). «Die Aufforderung bin ich selbst zu entwerfen erbötig: und ich glaube, daß es mir, bei guter Gesundheit und Laune gelingen müßte, dieselbe so abzufassen, daß sie die Gemütsnerven jedes Menschen enthüllt, ohne die Galle der Halbmenschen allzusehr aufzuregen.» Diese Stelle gewährt auch Einblick in Feuerbachs Temperament: Die Feder dieses Cholerikers kann sehr spitz werden, wenn seine Seele an der Verteidigung des Menschen entflammt wird. In der Betrachtung des menschlich-allzumenschlichen Treibens «der Halbmenschen» mangelt es oft nicht an Sarkasmus und Ironie.

Feuerbach hatte in seinem Leben einen tiefen Einblick in die Verirrungen und Abgründe des Menschen erhalten; ihm war auch die nächtlich-verbrecherische Seite der Menschennatur vertraut, die es manchmal schwer macht, nicht zu verbittern. Jetzt stand Feuerbach in der Begegnung mit Kaspar Hauser vor einem rätselhaften Verbrechen ganz neuer Art, dem «Verbrechen am Seelenleben des Menschen», wie die Feuerbachsche Wortprägung dafür lautet. Es wurde immer mehr bewußt – ohne das darin steckende Rätsel lösen zu können –, daß in der Einkerkerung Kaspar Hausers ein gegen ein Kind gerichtetes Verbrechen vorlag, für das nur schwer ein Motiv zu finden war. Es wurde eine böse Dimension von Verbrechen sichtbar, die gerade gegen das höchste Menschliche gerichtet war, das in dem Kind Kaspar Hauser erschien, ähnlich wie sich Herodes gegen das Kind Jesus wandte.

Feuerbach versuchte das Rätsel der Einkerkerung durch die

Schutzvorstellung zu lösen, aber es ist nicht einleuchtend, daß jemand ein Kind einkerkert, nur um es zu schützen. Die Einkerkerung Kaspar Hausers ist nur aus menschenkundlichen und geisteswissenschaftlichen Gründen erklärbar, aus dem Versuch, ein Kind an seiner Entwicklung gewaltsam zu hindern und es in einem Zwischenzustand zwischen Leben und Tod, Wachen und Schlafen zu halten. Derartige Erkenntnisse waren aber Feuerbach unbekannt, so daß er diesen Punkt noch nicht sachgemäß lösen konnte. Feuerbach war aber der vom Schicksal ausersehene und vorbereitete Mann, diese böse Dimension innerhalb der geschichtlichen Wirklichkeit zu bemerken; er konnte dem Bösen ins Auge schauen. Dazu bedurfte es der ganzen Kraft und Erfahrung seiner feurigen Persönlichkeit, die sich auch durch die schlimmsten Einblicke nicht die Begeisterung für das Höchste und den Glauben an den Menschen rauben ließ, die sich mutig und kampflustig in den Streit stürzte, selbst auf die Gefahr hin, in ihm zu fallen.

Der erste Schlag, der gegen Kaspar Hauser geführt wurde und der im weiteren den Feuerbachschen Plan einer europäischen Kollekte zunichte machte, kam von dem Berliner Polizeirat Merker, der im Jahre 1830 sein Buch «Kaspar Hauser, nicht unwahrscheinlich ein Betrüger» erscheinen ließ. Merker urteilte nur aufgrund von Berichten in Zeitungen und Zeitschriften; er bewies a priori, daß – «nicht sein kann, was nicht sein darf» (Morgenstern). Er hat auch später im wahrsten Sinne des Wortes Kaspar Hauser keines Blickes gewürdigt, er hat es verschmäht – obwohl es durchaus möglich gewesen wäre –, sich selbst an Ort und Stelle von den Beobachtungen zu überzeugen. Ob es etwas genützt hätte, bleibt freilich fraglich.

In Nürnberg gab es damals niemanden, der aus dem Umgang mit Kaspar Hauser auf die Idee gekommen wäre, daß er ein Betrüger sein könnte, wie überhaupt niemals jemand aus unmittelbarer, unbefangener Beobachtung gegen ihn gezeugt hat. Umsomehr mußten es sich Feuerbach und sein Freund Hitzig angelegen sein lassen, den doch gefährlichen Schlag abzuwehren. Auch wenn der Sache als solcher in Wirklichkeit keine Wahrheit innewohnt, so macht sie doch eine gewisse Beschäftigung damit notwendig, worauf es wohl auch abgesehen ist. Das Phänomen, durch Kritik und Zweifel, die sich aber nicht nur aus der menschlichen und wissenschaftlichen Verpflichtung zur Prüfung der Wahrheit ergeben, künstliche Schwierigkeiten aufzubauen, die den Zugang zu der Sache als solcher erschweren oder geradezu verhindern, ist bis heute immer wieder zu beobachten und nur aus dem Willen zu erklären, eine solche Erscheinung wie Kaspar Hauser nicht unverstellt zu der Menschheit sprechen zu lassen. Um den Merkerschen Thesen entgegenzutreten, ließ Feuerbach zunächst in Hitzigs «Annalen der deutschen und ausländischen Kriminalrechtspflege» die Gutachten der Ärzte Dr. Osterhausen und Dr. Preu sowie die Aussagen von Tucher und Daumer veröffentlichen, die dann auch 1831 als Sonderdruck erschienen, der hier an dritter Stelle vorgelegt wird. Feuerbach wollte mit dem von ihm kommentierten und unterstützten Gutachten das Unhaltbare der Merkerschen Ansichten aus der Sache darlegen; er wollte eine «Berichtigung des Urteils des Publikums» erreichen, weil er dies auf Wahrheit gründen wollte.

Anstelle des Aufrufs zu einer europäischen Kollekte für Kaspar Hauser trat nun (1831) für Feuerbach die Arbeit an seinem Kaspar-Hauser-Werk. Er hatte in den Jahren davor die heute noch lesenswerte «Aktenmäßige Darstellung merkwürdiger Verbrechen» (1828/29) herausgegeben, die weit mehr ist, als ihr Titel sagt, die ihn nicht nur als Kriminalisten und Richter von Gnaden erweist, sondern vor allem auch als mitfühlenden Menschen und glänzend schreibenden Schriftsteller. In diese Reihe seiner Arbeiten stellt sich das Kaspar-Hauser-Buch als Abschluß und Höhepunkt hinein.

Um den größeren Hintergrund der Lebensarbeit Feuerbachs wenigstens kurz zu beleuchten, muß man sagen, daß er der Idee des konstitutionellen Rechtsstaats zutiefst verpflichtet war, er gehörte in diesem Sinne zu den rechtschöpferischen Persönlichkeiten. Eine seiner besonderen Fähigkeiten lag darin, diese Ideen, die sich für ihn unmittelbar aus der Humanität, aus den Menschenrechten ergaben, zu Verfassungs- oder Gesetzesformulierungen zu prägen. Seine Tätigkeit ist darauf gerichtet, die Humanität im Gesetz zu verankern, was zum Beispiel auf eine Einschränkung der fürstlichen Gewalt hinausläuft, und zu einer strikten Rechtsstaatlichkeit im Sinne des Grundsatzes «Keine Strafe ohne Gesetz» zu kommen. Dabei entwickelt Feuerbach Recht und Gesetz nach zwei Seiten. Auf der einen Seite gegen den Straftäter und Gesetzesbrecher, der durch Abschreckung an der Verletzung des Gesetzes gehindert werden soll. Diese Abschreckung hat bei Feuerbach im Sinne der Ich-Philosophie Fichtes den Charakter des Aussprechens der Menschenwürde, um dadurch die Straftat möglichst zu vermeiden. Kommt es dennoch aus der Verirrung des Menschen zur Straftat, so hat der Verbrecher im Sinne des Gesetzes einen streng rechtlichen, im Sinne der Humanität einen milden, gütigen Richter zu erwarten. – Auf der anderen Seite haben Gesetz und Rechtsprechung für den Menschen die wesentliche Aufgabe, ihn vor Gewalt und Willkür von jeder – und das hieß für Feuerbach auch von staatlicher (fürstlicher) – Seite zu bewahren und zu schützen. Als Präsident des Appellationsgerichts hat er viele Entscheidungen in diesem Sinne gefällt.

In diesem Zusammenhang steht die Tat, die fest mit dem Namen Feuerbachs verbunden ist und die ihn – wie mit gutem Grund gesagt wurde – zum «Wohltäter der Menschheit» hat werden lassen: Dem erst 30jährigen gelingt es nach harten Auseinandersetzungen, daß 1806 zunächst in Bayern – die andern Länder Deutschlands folgten nach und nach – die Folter als polizeiliches Druckmittel abgeschafft wurde. Daß ein Mann wie Feuerbach ein Gegner Napoleons gewesen ist, versteht sich von selbst. Während der Befreiungskriege war seine schriftstellerische Tätigkeit gegen diesen gerichtet, eine Schrift trägt den denkwürdigen Titel: «Die Weltherrschaft – das Grab der Menschheit» (1814).

Wer für die Aufgabe, die Kaspar Hauser zu erfüllen gehindert wurde, sich ein gewisses Gefühl verschaffen kann, der wird sogleich spüren, wie Feuerbach in seinem Bestreben, Menschlichkeit und Gesetzlichkeit in der Rechtsphäre zu vereinen, das vorbereitete, was auf der Linie des nicht gewordenen Wirkens Kaspar Hausers lag. Feuerbach und sein Schützling Kaspar Hauser sind innerlich einander zugeordnet und zutiefst miteinander verbunden.

Damit sei der Lebens- und Schicksalshintergrund angedeutet, aus dem Feuerbach sein Kaspar-Hauser-Buch geschrieben hat, das bis heute durch seine Vielfältigkeit und seine brillante Darstellung aus der ganzen Kaspar-Hauser-Literatur herausragt. Nach Jakob Wassermanns Roman «Caspar Hauser oder die Trägheit des Herzens» (1908), der ja auf einer ganz anderen Ebene steht, ist Feuerbachs Schrift die bei weitem verbreitetste. Sie ist darüber hinaus als ein Meisterwerk zu den klassichen Zeugnissen der deutschen Literaur am Ende der Goethezeit zu rechnen. Wer hat schon in Deutschland einen Satz schreiben können wie den: «In seiner Seele voll kindlicher Güte und Milde, die ihn unfähig machte, einem Wurm oder einer Fliege, geschweige einem Menschen wehe zu tun, die sich in jeder Beziehung so fleckenlos und rein erwies wie der Abglanz des Ewigen in der Seele eines Engels, brachte er, wie schon früher bemerkt worden, keine Idee, keine Ahnung von Gott, nicht einen Schatten eines Glaubens an irgend ein höheres, unsichtbares Dasein aus seinem Kerker mit sich in die Welt des Lichts?»

Das Publikum war auf das Erscheinen des Buches im Januar 1832, also kurz vor Goethes Tod, gut vorbereitet und nahm es als die sehnlich erwartete kompetente Darstellung sogleich begeistert auf. Im März 1832 erschienen dann die in dieser Reihe auch wieder vorgelegten «Mitteilungen über Kaspar Hauser» von Daumer, auf die sich Feuerbach als Quelle für viele Beobachtungen stützte.

Ein besonderes Problem der Feuerbachschen Schrift stellt für den historischen Betrachter die Widmung an den Grafen Stanhope dar. Sie ist nur aus dem Augenblick ihrer Abfassung zu verstehen. Im Mai 1831 war Graf Stanhope nach Nürnberg gekommen, offensichtlich um eine absichtsvolle Beziehung zu Kaspar Hauser herzustellen. Nach fünf Tagen bereits setzte er 500 Gulden zur Aufklärung des Verbrechens oder als Grundstock für ein Vermögen Kaspar Hausers aus, wodurch er sich geschickt als Wohltäter in Szene setzte. Er veranlaßte und finanzierte die ergebnislose Ungarnreise, die ihm wegen ihrer Ergebnislosigkeit später als Vorwand diente zu dem Mißtrauen gegen Kaspar Hauser. Im Herbst 1831 erschien Graf Stanhope erneut in Nürnberg; es gelang ihm, durch Geschenke, Versprechungen und Liebesbeteuerungen Kaspar Hauser für sich einzunehmen und den Freiherrn Gottlieb von Tucher aus der Vormundschaft zu verdrängen. Ohne die förmliche Vormundschaft zu übernehmen, die dem Nürnberger Bürgermeister Binder zugesprochen wurde, verpflichtete sich Graf Stanhope, für Erziehung und Unterricht Hausers aufzukommen. Im Dezember 1831 fuhr er mit Kaspar Hauser nach Ansbach, wo dieser zunächst vorübergehend in Feuerbachs Haus wohnte, bevor er von Graf Stanhope dem Lehrer Meyer zu Unterricht, Kost und Logis übergeben wurde. Graf Stanhope versprach damals feierlich, Kaspar Hauser spätestens nach einem halben Jahr nach England zu holen.

In dieser Situation ist Feuerbachs Widmung geschrieben; gutgläubig und vertrauensvoll konnte er nicht ahnen, daß alles, was er über Graf Stanhope in dieser Widmung sagt, sich in furchtbarer Weise in das Gegenteil verkehren würde. Im Januar 1832 reiste Graf Stanhope mit dem frisch gedruckten Werk Feuerbachs ab – zu der Mutter Kaspar Hausers, der Großherzogin Stéphanie, die damals in Mannheim wohnte. Er hat Kaspar Hauser nie wieder aufgesucht und keine seiner Versprechungen gehalten, worüber Kaspar Hauser bitter enttäuscht war. Das entging natürlich auch Feuerbach nicht, der die sich schon ankündigende Sinnesänderung Stanhopes bemerkte. Er glaubte, «dem sonstigen Benehmen des Lords abnehmen zu müssen, daß er von den gegen Hauser übernommenen Verbindlichkeiten sich losmachen wolle, und ließ ihm zu verstehen geben, daß man auf gerichtlichem Wege ihn zur Erfüllung der übernommenen Verpflichtungen zwingen würde». Dies berichtet sein Sohn Eduard am 16. Oktober 1834 (Altes und Neues zur Kaspar Hauser-Frage. 1930, S. 177). Es ist nicht belegt, ob Feuerbach das Treiben Stanhopes noch tiefer zu durchschauen begann. Es ist aber keineswegs auszuschließen, daß dessen höchst merkwürdiges Verhalten auch die kriminalistische Aufmerksamkeit Feuerbachs erregte. In diesem Falle könnte dadurch die Katastrophe für Feuerbach und Kaspar Hauser beschleunigt worden sein.

Nach dem Tode Kaspar Hausers machte Stanhope eine – wie Daumer es nannte – «unbegreifliche Metamorphose» durch, indem er sich «im Angesichte der ganzen Welt als dessen größter Feind, Ankläger und Verfolger offenbarte» und «sich mit gleich gehässiger Polemik gegen Feuerbach» wandte. «Sein ehemaliger Liebling, Pflegesohn und Schützling» war nun «nichts weiter als ein elender, hergelaufener, verächtlicher Bursche, voll Lug und Trug, List und Verstellung», der «als Selbstmörder sein nichtswürdiges Dasein schmachvoll geendigt» habe (Daumer, Kaspar Hauser, 1873, S. 247). Feuerbach ist es durch seinen Tod erspart geblieben, diese ungeheuerlichen Erfahrungen an Stanhope zu machen. – Das ganze Vorgehen und Verhalten des Grafen gegenüber Kaspar Hauser und seinen Freunden gehört zweifellos zu der finstersten Verbrechensseite des Rätsels um Kaspar Hauser. Daumer berichtet auch, wie er nach Jahrzehnten bei der Durchsicht der Nachlaßpapiere Feuerbachs entdeckte, wie Graf Stanhope 1831 durch eine Intrige Feuerbach gegen Daumer einzunehmen suchte (Daumer, Kaspar Hauser 1873, S. 446ff.).

Zu den ersten, die mit einer persönlichen Widmung Feuerbachs sein Werk über Kaspar Hauser erhielten, gehörte die Königin Karoline von Bayern, die Stiefmutter des regierenden Königs Ludwig I. und Schwester des verstorbenen badischen Großherzogs Karl, das heißt kurz, eine Tante Kaspar Hausers. Was Feuerbach – für den es an der Identität Kaspar Hausers mit dem am 29. September 1812 geborenen badischen Thronfolger keinen Zweifel mehr gab – erreichen wollte, trat ein. Die Königin war eine eifrige, schnelle und aufmerksame Leserin und verstand Feuerbachs Anspielungen im Text sehr wohl. Sie erbat sich von ihm nähere Auskunft. Daraufhin schickte Feuerbach den Gendarmerie-Leutnant Hickel nach München, um der Königin das damals geheime, streng vertrauliche «Mémoire» am 19. Februar 1832 persönlich überreichen zu lassen. In diesem – hier an zweiter Stelle wiedergegebenen – Aufsatz legt Feuerbach seine Lösung der Identitätsfrage vor. Das Gerücht, Kaspar Hauser sei ein badischer Prinz, kam Feuerbach spätestens im Frühjahr 1830 zu Ohren; er schenkte ihm zunächst keinen Glauben. Wie erhaltene handschriftliche Aufzeichnungen Feuerbachs belegen, beschäftigte er sich aber bald mit den dynastischen Verhältnissen Badens, wobei er zu erstaunlichen Feststellungen kam. Der Verdacht wurde durch eindringliche Überlegungen zur «moralischen Gewißheit», das Rätsel der Herkunft Kaspar Hausers gelöst zu haben. Feuerbachs «Mémoire» ist das Musterbeispiel einer scharfsinnigen Deduktion, die die wenigen Tatsachen zu einem verständlichen Ganzen verbindet und zu einer klaren Schlußfolgerung kommt. Feuerbach war sich der Gefahr, die für ihn durch das «Mémoire» entstand, durchaus bewußt. «Das Vertrauen auf heiliges Königswort gewährt mir sichere Bürgschaft und Beruhigung gegen die Gefahren, welche unter anderer Voraussetzung Mitteilungen solcher Art unvermeidlich über mein Haupt zusammenhäufen würden», schreibt er in einem Brief anläßlich der Überreichung des «Mémoire» (Pies, Die Wahrheit über Kaspar Hausers Auftauchen und erste Nürnberger Zeit. Saarbrücken 1956, S. 254). Man muß die Bedeutung des «Mémoire» richtig einzuschätzen suchen. Wenn es stimmte, was Feuerbach als Kapazität vorbrachte, dann mußte Kaspar Hauser als vorberechtigter Thronerbe Badens als Großherzog eingesetzt werden, was zweifellos eine Staatsaffäre geschichtlicher Dimension und eine Katastrophe für die vielen Mittäter und Mitwisser geworden wäre. Da das «Mémoire» zutraf und unwiderlegbar war, mußten für Kaspar Hauser und Feuerbach die allergrößten Gefahren auftreten, vor denen sie auch «heiliges Königswort» nicht schützen konnte, sondern nur ein schnelles durchgreifendes Handeln zugunsten Kaspar Hausers, das aber – aus welchen Gründen auch immer – unterblieb. Dadurch wurde im Jahre 1833 geschichtliche Wirklichkeit, daß in Halbjahresfrist zunächst Feuerbach vermutlich und dann Kaspar Hauser tatsächlich ermordet wurden. Es ist eine Tragik besonderer Art, daß gerade die Lösung der Identitätsfrage den mörderischen Gegenschlag auslösen mußte.

Am Pfingstmontag 1833, am 27. Mai, auf den Tag genau fünf Jahre nach Kaspar Hausers Erscheinen, erkrankte Feuerbach auf einem Ausflug von Frankfurt nach Königstein im Taunus. Nach dem Frühstück auf einer Wiese stellten sich plötzlich Unwohlsein ein und bald eine linksseitige Lähmung und Sprachverlust. Bis kurz vor dem Tode konnte er sich durch Zettel verständlich machen; auf einen schrieb er: Man hat mir etwas gegeben. «Demgemäß hat also der Präsident auf seinem Totenbett geglaubt, daß er vergiftet worden sei», stellt Hermann Pies fest (Altes und Neues zur Kaspar Hauser-Frage. In Memoriam Adolf Bartning. Ansbach 1930, S. 167). Feuerbach starb, wie er auf einem anderen Zettel schrieb, in «Höllenangst», unter Qualen, am 29. Mai. Die beschriebenen Symptome wurden von vielen als Zeichen einer Arsenikvergiftung gedeutet (Daumer, Kaspar Hauser. 1873, S. 461 ff.). Den so wichtigen Zettel haben verschiedene Mitglieder der Feuerbachschen Familie gesehen, er ist später auf ungeklärte Weise verlorengegangen. Bei der von Feuerbach selbst verlangten Sektion wurden «alle edlen Teile ohne Fehler» befunden, was freilich bei der Art und Weise der damaligen Untersuchung die Möglichkeit einer Vergiftung nicht ausschließt. Man ist wohl zu der Aussage berechtigt, daß Feuerbach als Märtyrer für seinen Schützling gestorben ist.

Diese Aussage wird auch durch das weitere Schicksal des «Mémoire» bekräftigt. Nach dem Tode des Präsidenten Feuerbach kam das Manuskript, dessen Inhalt immer noch streng geheim war, in den Besitz seines Sohnes Eduard (1803–1843), der als Professor der Rechte in Erlangen lebte. Es bestand in der Familie die Absicht, die Nachlaßpapiere Feuerbachs zu veröffentlichen, wodurch das «Mémoire» ans Tageslicht gekommen wäre. Eduard Feuerbach erkrankte – ähnlich wie sein Vater – plötzlich auf einer Gesellschaft und starb Stunden darauf unter allen Anzeichen einer akuten Vergiftung als nur Vierzigjähriger. – Auch dem nächsten Besitzer des «Mémoire», dem berühmten Archäologen Joseph Anselm Feuerbach (1798–1851), der in zweiter Ehe mit Henriette (geb. Heidenreich) verheiratet war, gelang es nicht, dieses herauszugeben. Erst Feuerbachs Sohn Ludwig, der Philosoph, veröffentlichte das «Mémoire», wohlverpackt in der Schrift «Anselm Ritter von Feuerbachs Leben und Wirken, aus seinen ungedruckten Briefen und Tagebüchern, Vorträgen und Druckschriften». Leipzig 1851/53 (dort im 2. Band S. 319ff.). Bis in die neunziger Jahre des vorigen Jahrhunderts ging die Polizei auf Betreiben der badischen Regierung gegen Verleger vor, die das «Mémoire» in Separatdrucken herausbrachten, was gewiß für die gefürchtete Qualität der Feuerbachschen Arbeit spricht.

Als Graf Stanhope nach Kaspar Hausers Tod gegen diesen zu kämpfen begann, mußte er auch das Zeugnis Feuerbachs zu erschüttern suchen. Er tat es, indem er dem verstorbenen Feuerbach Worte in den Mund legte, die dieser mit Sicherheit nicht gesprochen hat. «Er selbst (Feuerbach), durch seine eigene Erfahrung belehrt, fing an in den letzten Zeiten seines Lebens, an der Wahrheit der Erzählung zu zweifeln, und, wie ich von einem ganz glaubwürdigen Zeugen erfahren habe, sagte er: ‹Vielleicht hat Feuerbach in seinen alten Tagen einen Roman geschrieben› (Graf Stanhope, Materialien zur Geschichte Kaspar Hausers. Heidelberg 1875, S. 50). Dies ist ein Musterbeispiel für das Vorgehen Stanhopes, denn sein «glaubwürdiger Zeuge» ist nichts anderes als eine Fiktion. Er findet sich nämlich später in den «Authentischen Mitteilungen über Kaspar Hauser» von Julius Meyer (1872) wieder in der Gestalt Hickels (S. 564 u. S. 426f.). Leider handelt es sich dabei aber nicht um den historischen, durchaus seriösen Polizisten, der niemals auf den Gedanken gekommen ist, in Kaspar Hauser einen Betrüger zu sehen, sondern um eine einwandfrei nachgewiesene Fälschung Meyers, der der unrühmliche Erfinder des sogenannten «Pseudo-Hickels» ist. Die Pseudo-Hickelschen Briefe hat Julius Meyer 1881 in noch größerem Umfang herausgegeben, «sie sind aber eine ebenso grobe wie dreiste Fälschung» (Pies, Die Wahrheit ... 1956, S. 365). Damit wird deutlich, daß Stanhope gemeinsam mit dem Lehrer Meyer ein sich gegenseitig stützendes Lügengebäude aufbaut, das von dem Sohn Julius Meyer später als «authentisch» beglaubigt werden sollte, das aber inzwischen als Fälschung entlarvt wurde. Das wird hier ausgeführt, weil sich in der Literatur immer wieder die ungeprüfte Behauptung von der Sinnesänderung Feuerbachs findet (siehe dazu Pies, Die Wahrheit ... 1956, S. 246ff.), zu der – nach einer entsprechenden Erörterung – Daumer schon sagte: «Nur schade, daß man ein kretinisches Hirn haben muß, um eine solche Metamorphose bei einem Feuerbach für möglich zu halten» (Daumer, Kaspar Hauser. 1873, S. 301).

Außer Stanhope und in seinem Gefolge Vater und Sohn Meyer sind im 19. Jahrhundert noch Mittelstädt («Kaspar Hauser und sein badisches Prinzentum», 1876) und Antonius von der Linde («Kaspar Hauser, eine neugeschichtliche Legende», 1887) gegen Feuerbach und insbesondere gegen das «Mémoire» aufgetreten. Im Interesse des Hauses Baden versuchte Mittelstädt Feuerbach mit so untauglichen Mitteln zu widerlegen, daß letztlich mehr eine Bestätigung der bekämpften Ansicht herauskam als eine Widerlegung. A. von der Linde hat geglaubt, Feuerbach und alle Freunde Kaspar Hausers mit Hohn und Spott überziehen zu müssen, wobei er alle Wahrhaftigkeit und Wissenschaftlichkeit über Bord geworfen hat.

Aus all den Kämpfen, die sich um die Aussage des «Mémoire» nach Feuerbachs Tode abgespielt haben, ist er als glänzender Sieger hervorgegangen. So wenig zu Feuerbachs Lebzeiten irgend eine neue Tatsache oder ein neuer Gedanke bekanntgeworden wäre, die ihn zur Änderung seiner Auffassung hätten veranlassen können, so sehr hat die gesamte ernste wissenschaftliche Forschung seine Ansicht bestätigt. Feuerbach hat mit seinem «Mémoire» die Identität Kaspar Hausers mit dem am 29. September 1812 geborenen Sohn des Großherzogs Karl und seiner Gemahlin Stéphanie de Beauharnais wahrheitsgemäß geklärt, zu einer Zeit, da Kaspar Hauser noch am Leben war. Forscher wie Pies, Bartning, Klee, Bapst, Wencker-Wildberg und andere haben ausschließlich Belege geliefert, die Feuerbachs Ergebnis in vielfältiger Weise untermauert haben. (Siehe hierzu besonders: Pies, Kaspar Hauser. Eine Dokumentation. 1966, S. 235 ff; In Memoriam Adolf Bartning. Altes und Neues zur Kaspar Hauser-Frage. 1930, S. 121 ff.). Hinsichtlich der Identität Kaspar Hausers steht man auf einem durchaus wissenschaftlich gesicherten Boden, und es ist nicht gerechtfertigt – wie es immer wieder geschieht – von der unbekannten Herkunft des rätselhaften Findlings zu reden. Alle Widerstände gegen Feuerbachs «Mémoire» sind von der siegenden Kraft der Wahrheit überwunden worden.

Berlin, Michaeli 1983 Peter Tradowsky

In der gleichen Reihe, herausgegeben von Peter Tradowsky, sind erschienen:
Georg Friedrich Daumer, Mitteilungen über Kaspar Hauser.
Johann Simon Heinrich Fuhrmann, Kaspar Hauser.
Mit Sternchen (*) versehene Hinweise beziehen sich auf diese Ausgaben (Dornach 1983).

Kaspar Hauser.

Beispiel

eines

Verbrechens

am

Seelenleben des Menschen

von

Anselm Ritter von Feuerbach.

Ansbach, bei J. M. Dollfuß.

1832.

I.

Der zweite Pfingsttag gehört zu Nürnberg zu den vorzüglichsten Belustigungstagen, an welchen der größte Teil der Einwohner sich auf das Land und in die benachbarten Ortschaften zerstreut. Die, im Verhältnis zu ihrer dermaligen spärlichen Bevölkerung, ohnehin sehr weitläufige Stadt wird dann, zumal bei schönem Frühlingswetter, so still und menschenleer, daß sie beinahe weit eher jener verzauberten Stadt in der Sahara als einer rührigen Gewerbs- und Handelsstadt zu vergleichen wäre. Besonders in einigen von ihrem Mittelpunkte entfernteren Teilen kann dann leicht manches Geheime öffentlich geschehen, ohne darum aufzuhören geheim zu sein.

So ereignete sich denn am zweiten Pfingsttage (26. Mai) 1828 abends zwischen 4 und 5 Uhr folgendes:

Ein Bürger, wohnhaft auf dem sogenannten Unschlittplatze (in der Nähe des wenig besuchten Hallertörchens) weilte noch vor seinem Hause, um von da vor das sogenannte neue Tor zu gehen, als er, sich umsehend, nicht weit von sich einen als Bauernbursche gekleideten jungen Menschen gewahr wurde, welcher in höchst auffallender Haltung des Körpers da stand und, einem Betrunkenen ähnlich, sich vorwärts zu bewegen mühte, ohne gehörig aufrecht stehen und seine Füße regieren zu können. Der erwähnte Bürger nahte sich dem Fremdling, der einen Brief ihm entgegen hielt, mit der Aufschrift:

«An Titl. Hrn. Wohlgebohrner
Rittmeister bei 4ten Esgataron
bei 6ten Schwolische Regiment Nürnberg.»

Da der bezeichnete Rittmeister in der Nähe des neuen Tors wohnte, so nahm jener Bürger den fremden Burschen dahin mit sich an die Wache, von wo er zu der ganz nahe liegenden Wohnung des damals die 4. Eskadron des bezeichneten Regiments befehligenden Rittmeisters von W. gelangte.*)

Dem die Haustür öffnenden Bedienten des von W. trat er, den Hut auf dem Kopf, seinen Brief in der Hand haltend, mit den Worten entgegen: «Ä sechtene möcht ih wähn, wie mei Vottä wähn is.» Der Bediente fragte ihn, was er wolle? wer er sei? woher er komme? Aber der Fremde schien von allen Fragen keine zu verstehen, und es erfolgten immer nur die Worte: «Ä sechtene möcht ih wähn, wie mei Vottä wähn is,» oder: «Woas nit!» Er war, wie der Bediente des Rittmeisters in seinem Verhör als Zeuge

*) Über die näheren Umstände, wie Kaspar mit dem erwähnten Bürger vom Unschlittplatze bis zur Wache und von da bis zur Wohnung des Rittmeisters von W. gekommen, sind die Akten teils so lückenhaft und unbefriedigend, teils, bezüglich angegebener Umstände, so sehr den Zweifeln historischer Kritik unterworfen, daß ich mich in obiger Erzählung sehr kurz fassen zu dürfen glaubte. So gibt z.B. jener Bürger an, nachdem er unterwegs mit K. ein Gespräch anzuknüpfen gesucht und ihn über manches befragt, habe er endlich bemerkt, *daß K. von allem nichts wisse und gar keine Begriffe habe, weshalb er dann nichts mehr zu ihm gesprochen.* Hiernach zeigte sich ihm also K. ebenso wie noch denselben Abend bei dem Herrn Rittmeister von W. und später auf der Wachtstube, dann an den folgenden Tagen und Wochen. Gleichwohl erzählt zugleich jener Bürger, K. habe auf die Frage, woher er komme, geantwortet: «Von Regensburg.» Ferner, als er mit K. zum neuen Tor gekommen, habe dieser gesagt: «Dös is gewiß erst baut worn, weil mer's neu Tor heißt» und so weiter. – Daß Zeuge dieses und dergleichen gehört zu haben *glaubt,* ist mir ebenso wenig zweifelhaft als dies, daß es K. *nicht gesagt* hat. Alles Folgende gibt dafür den unumstößlichsten Beweis. Aus der stehenden Redensart Kaspars: «Reutä wähn, wie mein Vottä wähn is», konnte sein Führer, der diesem Simpel, wofür er ihn hielt, gewiß nur halbe Ohren lieh, gar wohl jene Worte herauszuhören glauben. – Überhaupt aber sind die in dieser Sache erwachsenen Polizeiakten auf eine solche Weise geführt, enthalten so viele Widersprüche, nehmen vieles gar so leicht, sind in einigen ihrer wesentlichsten Bestandteile ein so arger *Anachronismus,* daß sie als Geschichtsquelle nur mit großer Vorsicht benutzt werden können.

aussagt, so ermattet, daß er nicht sowohl ging als «herumschweifte». Weinend, mit dem Ausdruck heftigen Schmerzes, deutete er auf seine unter ihm brechende Füße und schien an Hunger und Durst zu leiden. Man reichte ihm ein Stückchen Fleisch; doch kaum hatte der erste Bissen seinen Mund berührt, als er ihn, sich schüttelnd, unter heftigen Zuckungen seiner Gesichtsmuskeln, mit sichtbarem Entsetzen wieder von sich spie. Dieselben Zeichen des Abscheus, als man ihm ein Glas Bier gebracht und er davon einige Tropfen gekostet hatte. Ein Stück schwarzen Brotes und ein Glas frischen Wassers verschlang er mit heißer Begier und äußerstem Wohlbehagen. Was man unterdessen mit ihm noch versuchte, um über seine Person und sein Hieherkommen etwas zu erfahren, war vergebliche Mühe. Er schien zu hören, ohne zu verstehen, zu sehen, ohne etwas zu bemerken, sich mit den Füßen zu bewegen, ohne sie zum Gehen gebrauchen zu können. Seine Sprache waren meistens Tränen, Schmerzenslaute, unverständliche Töne oder die häufig wiederkehrenden Worte: «Reutä wähn, wie mei Vottä wähn is.» Im Hause des Rittmeisters hielt man ihn bald nur für einen wilden Menschen und führte ihn, bis zur Heimkunft des Hausherrn, in den Pferdestall, wo er sogleich auf dem Stroh sich ausstreckte und in tiefen Schlaf versank.

Er hatte schon mehre Stunden fortgeschlafen, als der Rittmeister nach Hause kam und sogleich in seinen Pferdestall ging, um den wilden Menschen zu sehen, von dem seine Kinder ihm, beim Willkommen, so viel Seltsames erzählt hatten. Noch lag dieser im tiefsten Schlaf. Man suchte ihn zu erwecken, man rüttelte, schüttelte, stieß ihn; aber vergebens. Man riß ihn vom Boden auf und suchte ihn auf die Füße zu stellen; aber er schlief fort, ähnlich einem Scheintoten, der nur noch durch seine Lebenswärme von dem wirklich Toten sich unterscheidet. Endlich, nach vielen dem Schlafenden fühlbaren Mühen, schlug er die Augen auf, ermunterte sich, sah den Rittmeister in seiner bunten glänzenden Uniform, die er, wie es schien, mit kindischem Wohlgefallen betrachtete, und stöhnte dann sein: Reutä und so weiter.

Herr von W. kannte den fremden Burschen ebenso wenig, als er dem ihm mitgebrachten Brief irgend eine auf ihn bezügliche Deutung zu geben wußte. Da nun auch mit Fragen nichts aus ihm herauszubringen war als: «Reutä wähn» und so weiter oder: «Woas nit», so blieb nichts anders übrig, als die Lösung des Rätsels sowie die Sorge für die Person des fremden Unbekannten der städtischen Polizei zu überlassen. Somit wurde derselbe dahin abgeführt. «Was ich», sagte Herr von W. in seiner spätern gerichtlichen Vernehmung, «bezüglich der geistigen Bildung dieses Menschen wahrzunehmen imstande war, so verriet er den Zustand gänzlicher Verwahrlosung oder einer Kindheit, die mit seiner Größe kontrastierte.»

Gegen 8 Uhr abends war der Weg zur Polizei – für seinen Zustand ein Marterweg – zurückgelegt. In der Wachtstube befanden sich, außer einigen Unterbeamten, mehre Polizeisoldaten. Allen hier Anwesenden fiel der fremde Bursche ebenfalls als eine seltsame Erscheinung auf, bei der man nicht sogleich mit sich einig werden konnte, unter welche der gangbaren Polizei-Rubriken sie zu stellen sein möchte. Die an ihn gerichteten polizeilichen Amtsfragen: Wie heißt er? Wes Standes und Gewerbs? Woher kommt er? Warum ist er hier? Wo ist sein Reisepaß? und dergleichen wollten durchaus nicht an ihm verfangen. «Ä Reutä wähn, wie mei Votä wähn is», oder: «Woas nit» oder, was er ebenfalls in weinerlichem Ton öfters wiederholte: «Hoam weissa!» waren die einzigen Worte, die er bei den verschiedensten Veranlassungen vorbrachte*). Wo er sei, schien er nicht zu wissen oder zu ahnen. Er verriet weder Furcht, noch Befremden, noch Verlegenheit, viel-

*) Mit diesen Redensarten, namentlich dem: Reutä wähn und so weiter verband er, wie sich späterhin ergab, keinen besonderen Sinn; es waren nichts als papageienmäßig eingelernte Töne, die er als gemeinsame Ausdrücke für alle seine Vorstellungen, Empfindungen und Begehrungen gebrauchte.

mehr eine fast tierische Stumpfheit, welche die Außendinge entweder gar nicht bemerkt oder gedankenlos anstarrt und an sich vorübergehen läßt, ohne von ihnen berührt zu werden. Seine Tränen, sein Wimmern, wobei er immer auf seine wankenden Füße deutete, sein unbeholfenes und dabei kindlich kindisches Wesen gewannen ihm bald das Mitgefühl der Anwesenden. Ein Soldat brachte ihm ein Stück Fleisch und ein Glas Bier; aber, wie im W'schen Hause, wies er beides mit Grauen von sich und aß nur Brot zu frischem Wasser. Ein anderer gab ihm eine Münze; er zeigte darüber die Freude eines kleinen Kindes, spielte damit und schien, indem er mehrmals Roß! Roß! sagte und mit der Hand gewisse Bewegungen machte, das Verlangen auszudrücken, diese Münze einem «Rosse» anzuhängen. Sein ganzes Wesen und Benehmen zeigte an ihm ein kaum zwei- bis dreijähriges Kind in einem Jünglingskörper. Die meisten dieser Polizei-Männer waren nur darüber geteilt, ob man ihn für einen Blöd- oder Wahnsinnigen oder für einen Halbwilden halten solle. Der eine und andere meinte jedoch, es wäre wohl möglich, daß in diesem Buben ein feiner Betrüger stecke, eine Meinung, welche durch folgenden Umstand einen nicht geringen Schein für sich gewann. Man kam auf den Einfall, zu versuchen, ob er vielleicht schreiben könne, gab ihm eine Feder mit Tinte, legte einen Bogen Papier vor ihm hin und forderte ihn auf zu schreiben. Er schien darüber Freude zu bezeigen, nahm die Feder nichts weniger als ungeschickt zwischen seine Finger und schrieb, zu aller Anwesenden Erstaunen, in festen, leserlichen Zügen, den Namen:

Kaspar Hauser.

Er wurde jetzt weiter aufgefordert, auch den Namen des Ortes beizusetzen, von welchem er herkomme. Aber er tat hierauf nichts weiter, als daß er wieder sein: «Reutä wähn» und so weiter, sein: «Hoam weissä», sein: «Woas nit» hervorstöhnte.

Da vor der Hand nichts weiter mit ihm anzufangen war, überließ man das Übrige der Zeit und übergab ihn einem Polizeidiener, der ihn auf den für Polizeisträflinge, Vagabunden und so weiter bestimmten Turm des Vestner Tors brachte. Auf diesem verhältnismäßig kurzen Weg sank er fast bei jedem Schritt – wenn sein Tappen ein Schreiten genannt werden konnte – ächzend zusammen. In dem Arreststübchen angekommen – wo er einen andern Polizeigefangenen zum Gesellschafter hatte –, verfiel er auf seinem Strohsack sogleich in den tiefsten Schlaf.

II.

Kaspar Hauser – diesen Namen hat er bis jetzt beibehalten – trug, als er nach Nürnberg kam, auf dem Kopf einen runden, mit gelber *Seide* gefütterten, mit rotem Leder besetzten, etwas groben Filzhut, von *städtischer* Form, in welchem das halbausgekratzte Bild der Stadt *München* zu sehen ist. Die Zehen seiner nackten Füße sahen aus ganz zerrissenen, ihm nicht anpassenden, mit Hufeisen und Nägeln beschlagenen Halbstiefeln mit *hohen Absätzen* hervor. Um seinen Hals war eine schwarzseidene Halsbinde geschlungen. Über einem groben Hemde*) und einer schon ausgewaschenen, rotgetupften, zeuchenen Weste trug er eine grautuchene *Jacke,* welche die Bauersleute Janker oder Schalk zu nennen pflegen, welche aber, wie sich erst später bei genauerer Betrachtung und nach Untersuchung von Sachverständigen ergab, der Schneider ursprünglich zu keiner Bauernjacke zugeschnitten hatte; sie war ehemals, wie schon der liegende Kragen zeigt, ein *Frack,* dem man die Hinterteile abgeschnitten und dessen obere Hälfte eine der Schneiderei unkundige Hand mit groben Stichen wieder zusammengeheftet hatte. Auch die etwas feineren, gleichfalls grau-

*) Welches unbesonnener Weise, angeblich wegen seiner schlechten Beschaffenheit, samt den Stiefeln, gleich in der ersten Zeit hinweggeworfen wurde! So verfuhr man mit Sachen, welche als *Anzeigen* äußerst wichtig werden konnten!

tuchenen *Pantalons,* wie *Reithosen* zwischen den Beinen mit demselben Tuche besetzt, gehörten wohl ursprünglich eher einem Bedienten, Reitknecht oder Förster und dergleichen als einem Bauern. Kaspar trug ein weißes rotgegittertes Schnupftüchlein bei sich, mit den Buchstaben K.H. rot gezeichnet. Außer einigen blau und weiß geblumten Lappen, einem deutschen Schlüssel und einem Papier mit etwas *Goldsand* – den wohl niemand in Bauernhütten sucht – fand sich in seiner Tasche ein kleiner hörnerner Rosenkranz und ein ziemlicher Vorrat geistlichen Segens; nämlich, außer geschriebenen katholischen Gebeten, mehre geistliche Druckschriften, wie sie häufig im südlichen Deutschland, zumal an Wallfahrtsorten, der gläubigen Menge für gutes Geld geboten werden, – einige ohne Druckort, andere mit den Druckorten: *Altöttingen, Burghausen, Salzburg, Prag.* Ihre auferbaulichen Titel heißen z.B. *«Geistliche Schildwacht» – «Geistliches Vergißmeinnicht» – «Ein sehr kräftiges Gebet, wodurch man sich aller heiligen Messen etc. teilhaftig machen kann» – «Gebet zum heiligen Schutzengel» – «Gebet zum heiligen Blut»* und so weiter. Eines dieser köstlichen Geisteswerklein, betitelt: *Kunst, die verlorne Zeit und übel zugebrachten Jahre zu ersetzen* (ohne Jahrzahl) scheint auf das bisherige Leben dieses Jünglings, wie er es späterhin erzählte, höhnend anzuspielen. Daß nicht bloß weltliche Hände bei dieser Begebenheit mit im Spiele seien, ließ sich, nach den mitgebrachten geistlichen Gaben, nicht wohl bezweifeln.

Der an den ungenannten Rittmeister der 4. Eskadron des 6. Chevauxlegers-Regiments adressierte Brief, mit welchem in der Hand Kaspar zu Nürnberg auftrat, war nach Form und Inhalt folgender:

«Von der Bayerschen Gränz daß Orte ist unbenannt 1828.

Hochwohlgebohner Hr. Rittmeister!
Ich schücke ihner ein Knaben der möchte seinen König getreu

dienen verlangte Er, dieser Knabe ist mir gelegt worden, 1812 den 7. Ocktober, und ich selber ein armer Taglöhner, ich habe auch selber 10 Kinder, ich habe selber genug zu thun daß ich mich fortbringe, und seine Mutter hat nur um die erziehung daß Kind gelegt, aber ich habe sein Mutter nicht erfragen können, jetzt habe ich auch nichts gesagt, daß mir der Knabe gelegt ist worden, auf den Landgericht. Ich habe mir gedenkt ich müßte ihm für mein Sohn haben, ich habe ihm Christlichen Erzogen, und habe ihn Zeit 1812 Keinen Schrit weit aus den Haus gelassen daß Kein Mensch nicht weiß davon wo Er auf erzogen ist worden, und Er selber weiß nichts wie mein Hauß Heißt und daß ort weiß er auch nicht, sie derfen ihm schon fragen er kann es aber nicht sagen, daß lessen und schreiben habe ich ihm schon gelehrt er kann auch mein Schrift schreiben wie ich schreibe, und wan wir ihm fragen was er werde, so sagte er will auch ein Schwolische werden waß sein Vater gewesen ist, Will er auch werden, wen er Eltern häte wir er keine hate wer er ein gelehrter bursche worden. Sie derfen im nur was zeigen so kan er es schon,

Ich habe im nur bis Neumark geweißt da hat er selber zu ihnen hingehen müssen ich habe zu ihm gesagt wenn er einmal ein Soldat ist, kome ich gleich und suche ihm heim sonst häte ich mich von mein Hals gebracht.

Bester Hr. Rittmeister sie derfen ihm gar nicht tragtiren er weiß mein Orte nicht wo ich bin, ich habe im mitten bei der nacht fort gefürth er weiß nicht mehr zu Hauß,

Ich empfehle mich gehorsamt Ich mache mein Namen nicht Kentbar den ich Konte gestraft werden,

Und er hat Kein Kreuzer Geld nicht bey ihm weil ich selber nichts habe wen Sie im nicht Kalten (behalten) so müssen Sie im abschlagen oder in Raufang auf henggen.»

Es lag diesem Briefe zugleich folgender mit lateinischen Buchstaben, jedoch wahrscheinlich von derselben Hand, geschriebener Zettel bei:

«Das Kind ist schon getauft Sie heist Kaspar in (d. h. einen) Schreibname misen Sie im Selber geben das Kind moechten Sie aufziehen Sein Vater ist ein Schwolische gewesen wen er 17 Jahr alt ist so schicken Sie im nach Nirnberg zu 6ten Schwolische Regiment da ist auch sein Vater gewesen ich bitte um die erziehung bis 17. Jahre gebohren ist er im 30. Aperil 1812 im Jaher ich bin ein armes Mägdlein ich kan das Kind nicht ernehren sein Vater ist gestorben.»

*Kaspar Hauser**) war bei seinem Erscheinen zu Nürnberg 4 Schuhe, 9 Zolle groß und mochte damals vielleicht in seinem 16.–17. Jahre stehen. Ein ganz dünner Flaum überzog Kinn und Lippen, die sogenannten Weisheitszähne fehlten noch und sind erst im Jahr 1831 hervorgebrochen. Seine hellbraunen, sehr feinen Haare, bäuerlich zugeschnitten, kräuselten sich in kleine Locken. Sein Körperbau, untersetzt und breitschulterig, zeigte ein vollkommenes Ebenmaß, ohne irgend ein sichtbares Gebrechen. Seine Haut war sehr weiß und fein; seine Gesichtsfarbe nicht eben blühend, doch auch nicht krankhaft; seine Glieder zart gebaut; die kleinen Hände schön geformt; ebenso die Füße, welche keine Spur zeigten, daß früher ein Schuh sie beengt oder gedrückt habe. Die Fußsohlen waren ohne Hornhaut, so weich wie das Innere einer Hand, und über und über mit frischen Blutblasen bedeckt, deren Spuren noch mehre Monate später zu sehen waren. An beiden Armen zeigten sich die Narben der Impfung; an seinem rechten Arm fiel eine noch mit frischem Schorf bedeckte Wunde auf, die, wie Kaspar späterhin erzählte, von einem Schlag mit einem Stock (oder Stück Holz) herrührte, welchen der Mann, «bei dem er immer gewesen», ihm gegeben, als er einmal zu viel Lärm gemacht

*) Das folgende *Signalement* ist nicht etwa aus den Polizei-Akten genommen, wo dergleichen nicht zu finden ist, sondern aus meinen eigenen Beobachtungen und den schriftlich aufgezeichneten Bemerkungen anderer glaubwürdiger Personen.

habe. Sein Gesicht war damals sehr gemein und, wenn es in Ruhe war, fast ohne Ausdruck; die untern Teile desselben traten etwas vor, was ihm ein tierisches Ansehen gab. Auch der stiere Blick seiner bläulichen, übrigens klaren, hellen Augen hatte den Ausdruck tierischer Stumpfheit.*) Seine Gesichtsbildung änderte sich nach einigen Monaten gänzlich; der Blick gewann Ausdruck und Leben, die hervorragenden untern Teile des Gesichts traten mehr zurück, und die frühere Physiognomie war kaum wieder zu erkennen. Sein Weinen bestand in der ersten Zeit in einem häßlichen Verzerren des Mundes; bewegte aber irgend etwas Angenehmes sein Gemüt, so verbreitete sich über seine Miene eine lieblich lächelnde, alle Herzen gewinnende Freundlichkeit, der unwiderstehliche Reiz der Freude eines unschuldigen Kindes. Seine Hände und Finger wußte er so gut wie gar nicht zu gebrauchen. Die Finger spreizte er steif und gerade hin weit auseinander, mit Ausnahme des Zeigefingers und Daumens, deren Spitzen er gewöhnlich auf die Weise zusammenhielt, daß sie einen Zirkel bildeten. Wo andere Menschen nur einige Finger brauchen, bediente er sich der ganzen Hand, die auf die ungeschickteste, verkehrteste Weise ihr Geschäft verrichtete. Sein Gang, ähnlich dem eines Kindes, was am Laufband seine ersten Versuche macht, war nicht sowohl ein Gehen als ein watschelndes, schwankendes Tappen, eine peinliche Mittelbewegung zwischen Fallen und Aufrechtstehen. Statt beim Gehen mit der Ferse zuerst aufzutreten, setzte er mit gehobenen Beinen Ferse und Vorderfuß zugleich auf den Boden und stolperte, die Füße einwärts gekehrt, mit überhängendem Oberleib und weit von sich hinweggestreckten Armen, die er als Balancierstange zu gebrauchen schien, langsam, schwerfällig vor sich hin. Öfters fiel er in seinem Zimmerchen, bei

*) Der Verfasser dieses äußerte damals den Wunsch, es möge Kaspars Gesicht von einem geschickten Porträtmaler gezeichnet werden, weil jenes sich gewiß bald verändern werde. Jener Wunsch blieb unerfüllt, diese Vermutung aber wurde bald wahr.

geringem Hindernis oder Anstoß, der Länge nach zu Boden. Beim Auf- und Absteigen von Treppen mußte er, noch lange nach seiner Ankunft, immer geführt werden. Und noch jetzt ist es ihm, ohne zu fallen, nicht möglich, auf dem einen Fuß zu stehen, den andern zu heben, zu biegen oder auszustrecken.

Bei einer erst noch im Jahre 1830 vorgenommenen gerichtsärztlichen Besichtigung der Leibesbeschaffenheit Kaspar Hausers ergaben sich, unter andern, folgende höchst merkwürdige Eigentümlichkeiten, die auf sein Leben und sein Schicksal ein helles Licht zurückwerfen. «Das *Knie*», sagt das Gutachten des Dr. Osterhausen, «hat eine besondere regelwidrige Bildung. Bei Streckkung des Unterschenkels tritt in der Regel die Kniescheibe hervor; bei Hauser aber liegt sie in einer beträchtlichen Vertiefung. Regelmäßig heften sich die vier Streckmuskeln des Unterschenkels, als der äußere und innere große, der gerade und tiefe Unterschenkelstrecker (musculus vastus externus et internus, m. femoris et cruralis) mit einer gemeinschaftlichen Sehne, nachdem sie sich mit der Kniescheibe verwebt hat, an den Höcker des Schienbeins an; hier aber ist die Sehne getrennt, und die Sehne des äußern und innern großen Schenkelstreckers (m. vastus externus et internus) gehen an der äußern und innern Seite des Schienbeinknorrens herab, heften sich unter diesem an das Schienbein an, und zwischen ihnen liegt die Kniescheibe. Hierdurch, und da diese Sehnen ungewöhnlich stark ausgewirkt sind, entsteht jene Vertiefung.» – «Wenn er mit ausgestrecktem Ober- und Unterschenkel, in horizontaler Lage auf dem Boden sitzt, so bildet der Rücken mit der Beugung des Oberschenkels einen rechten Winkel, und das Kniegelenk liegt in gerader Streckung so fest auf dem Boden, daß am Kniebug nicht die geringste Höhlung zu bemerken und kaum ein Kartenblatt unter die Kniekehle zu schieben ist.»

III.

Das Befremdende an Kaspar Hauser bei seinem ersten Erscheinen zu Nürnberg gestaltete sich in den nächsten Tagen und Wochen zu einem dunkeln, grauenhaften Rätsel, zu dessen Lösung man in mancherlei Vermutungen vergebens den Schlüssel suchte. Nichts weniger als blöd- oder wahnsinnig, dabei so sanft, folgsam und gutartig, daß niemand versucht werden konnte, diesen Fremdling für einen Wilden oder unter den Tieren des Waldes aufgewachsenen Knaben zu halten, zeigte sich an ihm – jene stets wiederkehrende Redensarten ausgenommen – ein so vollständiger, nur dem Zustand eines Pescherä vergleichbarer, Mangel an Worten und Begriffen, eine so gänzliche Unbekanntschaft mit den gemeinsten Gegenständen und den alltäglichsten Erscheinungen der Natur, solch eine Gleichgültigkeit, solch ein Abscheu gegen alle Gewohnheiten, Bequemlichkeiten und Bedürfnisse des Lebens, dabei so außerordentliche Eigentümlichkeiten in seinem ganzen geistigen, sittlichen und physischen Wesen, daß man sich in die Wahl versetzt glauben konnte, ob man ihn für einen durch irgend ein Wunder auf die Erde herabversetzten Bürger eines andern Planeten oder für jenen Menschen des Plato nehmen solle, der, unter der Erde geboren und aufgewachsen, erst im Alter der Reife auf die Oberwelt zum Licht der Sonne heraufgestiegen.

Kaspar zeigte beständig gegen alle Speisen und Getränke, außer trockenem Brot und Wasser, den heftigsten Widerwillen. Nicht nur der Genuß, sondern auch der bloße Geruch unsrer gewöhnlichen Speisen erregte ihm Schauder oder noch mehr; ein Tröpfchen Wein, Kaffee und dergleichen, heimlich unter sein Wasser gemischt, verursachte ihm Angstschweiß, Erbrechen und heftiges Kopfweh*). –

*) Es ist ein bedauernswerter Umstand, daß es in der ganzen Stadt Nürnberg keinen einzigen Menschen gab, welcher so viel wissenschaftliches Interesse in sich gefunden hätte, um diesen Menschen zum Gegenstand physiologischer Untersu-

Es versuchte jemand irgendwo, ihm etwas Branntwein, unter dem Vorwand, es sei Wasser, aufzudringen. Als man ihm das Glas an den Mund brachte, sank er erbleichend um und wäre rückwärts in eine Glastüre gefallen, wenn man ihn nicht aufgefangen hätte. – Als er einmal von dem Gefangenwärter war genötigt worden, etwas Kaffee in den Mund zu nehmen, wovon er kaum einen Tropfen verschluckt haben mochte, bekam er mehrmaligen Durchfall. – Von einigen Tropfen stark mit Wasser vermischten Weizenbiers bekam er heftige Schmerzen im Magen und Hitze im ganzen Körper, wobei er über und über von Schweiß triefte, dann Frostschauder, mit Kopfweh und starkem Aufstoßen. – Sogar Milch, gesottene wie ungesottene, mundete ihm nicht und erregte ihm widerliches Aufstoßen. – Man hatte ihm einst in sein Brot etwas Fleisch versteckt; er roch dieses sogleich und bezeigte dagegen seinen lebhaften Abscheu; gleichwohl nötigte man ihn, es zu essen, worauf er äußerst leidend wurde.

Bei Nacht, die für ihn regelmäßig mit Untergang der Sonne anfing und mit ihrem Aufgang endigte, lag er auf seinem Strohsacke; bei Tag saß er, die Füße gerade vor sich ausgestreckt, auf dem Boden.

Als er in den ersten Tagen zum erstenmal eine brennende Kerze vor sich sah, ergötzte ihn die leuchtende Flamme, er griff arglos hinein und verbrannte sich Hand und Finger, die er zu spät unter Schreien und Weinen zurückzog. Um ihn zu erproben, wurde

chungen zu machen. Schon allein die chemische Untersuchung des Urins, des Speichels und anderer Auswurfsstoffe dieses bloß mit Brot und Wasser aufgefütterten jungen Menschen hätte manches wissenschaftlich nicht unwichtige Ergebnis gehabt, so wie diese wissenschaftlichen Ergebnisse den juridisch bedeutenden Umstand, daß Kaspar bisher wirklich nur mit Wasser und Brot genährt worden, gleichsam zu anschaulicher Gewißheit würden bewahrheitet haben. Als aber die Justiz sich mit der Hauserschen Angelegenheit zu befassen endlich, nach vielen vergeblichen Bemühungen von ihrer Seite, in den Stand gesetzt wurde, war die Gelegenheit, solche Untersuchungen nachzuholen, längst vorüber.

zum Schein mit blanken Säbeln nach ihm gehauen und gestochen; er blieb dabei ganz unbeweglich, blinzte nicht einmal mit den Augen und schien gar nicht zu ahnen, daß ihm mit diesen Dingen irgend ein Leid geschehen könne*). Als ihm ein Spiegel vorgehalten wurde, griff er nach seinem eigenen Spiegelbild und wendete sich dann nach der Rückseite, um den Menschen zu finden, der dahinter stecke. Was er Glänzendes sah, darnach langte er wie ein kleines Kind und weinte, wenn er es nicht erreichen konnte oder es ihm versagt wurde.

Einige Tage nach seiner Ankunft in Nürnberg wurde Kaspar, in Begleitung zweier Polizeimänner, um die Stadt geführt, damit er vielleicht das Tor wieder erkenne, durch das er in die Stadt gebracht worden. Er wußte, wie man wohl hätte voraussehen können, keines von dem andern zu unterscheiden, und schien überhaupt an dem, was an seinen Augen vorüberging, keinen Anteil zu nehmen. Auf Gegenstände, die man ihm besonders nahe brachte, gaffte er stumpfsinnig und nur zuweilen mit neugierigem, befremdetem Blicke hin. Zur Bezeichnung lebender Geschöpfe, die ihm in die Sinne fielen, hatte er bloß zwei Worte, deren er sich dann und wann bediente. Was menschliche Gestalt hatte, ohne Unterschied des Geschlechts und Alters, hieß ihm «Bua»; jedes ihm aufstoßende Tier, vierfüßig oder zweibeinig, Hund, Katze, Gans oder Huhn, nannte er «Roß». Waren solche Rosse *weiß,* so bezeigte er Wohlgefallen; *schwarze* Tiere erregten ihm Widerwillen oder Furcht. Eine schwarze Henne, welche auf ihn zukam, versetzte ihn in große Angst; er schrie und machte die äußerste Anstrengung, um auf seinen ihm hiezu den Dienst versagenden Füßen von ihr hinwegzulaufen.

Seine Seele nicht nur, sondern auch manche seiner Sinne schienen anfangs in gänzlicher Erstarrung zu liegen und nur allmählich

*) Man soll sogar einmal – was ich jedoch nicht zu verbürgen wage – ein Feuergewehr, zur belustigenden Probe, nach ihm abgeschossen haben. –

erwachend den Außendingen sich zu öffnen. Erst nach einigen Tagen fiel ihm der Schlag der Turmuhren und das Geläute der Glocken auf; er geriet dadurch in das höchste Erstaunen, das sich in seiner aufhorchenden Miene und in Verzuckungen des Gesichts ausdrückte, bald aber in sinnendes dumpfes Hinstarren überging. Einige Wochen später zog eine Bauernhochzeit mit Musik unter dem Fenster seines Wohnstübchens auf dem Turm vorüber. Horchend stand er plötzlich wie eine Bildsäule da; sein Gesicht wurde wie verklärt, seine Augen strahlten gleichsam sein Entzücken aus; fortwährend blieben Ohr und Augen den immer weiter sich entfernenden Tönen zugewendet, und schon waren die letzten verhallt, als er noch lauschend unbeweglich stehen blieb, gleichsam als wolle er die letzten Schwingungen dieser für ihn himmlischen Laute in sich aufnehmen oder als habe die Seele ihren Körper in Erstarrung zurückgelassen, um diesen Klängen nachzuziehen. Gewiß nicht um Kaspars musikalischen Sinn zu erproben, stellte man bei einer Wachtparade diesen Menschen, an dem sich bereits eine ungewöhnliche Nervenreizbarkeit offenbarte, in die Nähe der großen Regimentstrommel, deren erste Schläge ihn so erschütterten, daß er in Zuckungen verfiel und schnell hinweggebracht werden mußte.

Unter den vielen auffallenden Erscheinungen, die sich in den ersten Tagen und Wochen an Kaspar zeigten, bemerkte man, daß die Vorstellung von *Rossen,* besonders von *hölzernen Rossen,* für ihn von nicht geringer Bedeutung sein müsse. Das Wort «Roß» schien in seinem Wörterbuch, das kaum ein halbes Dutzend Worte umfaßte, den allergrößten Raum einzunehmen; dieses Wort wurde am allerhäufigsten, bei den verschiedensten Gelegenheiten und Gegenständen, von ihm ausgesprochen, und zwar nicht selten unter Tränen, in wehmütig bittendem Tone, als drücke er damit die Sehnsucht nach irgend einem Pferde aus. Sooft man ihm eine Kleinigkeit, eine glänzende Münze, ein Band, ein Bildchen und so weiter schenkte, sprach er: Roß! Roß! und gab durch Mienen und

Gebärden den Wunsch zu erkennen, diese Schönheiten einem Rosse anzuhängen. Kaspar, welcher – nicht eben zum Vorteil seiner geistigen Entwickelung, noch zum Behuf reiner Beobachtungen, wozu doch wohl die Seltenheit der Erscheinung aufforderte – täglich auf die Polizeiwachtstube geführt wurde, wo er im Getös und Getümmel gewöhnlich einen nicht kleinen Teil des Tages zubrachte, wurde hier wie einheimisch und gewann sich bald unter den Bewohnern dieses Amtszimmers Zuneigung und Liebe. Das auch hier so oft wiederholte: Roß! Roß! gab eines Tages einem der Polizeisoldaten, der sich mit dem seltenen Jünglingskinde am meisten zu tun machte, den Einfall, ihm ein weißes hölzernes Spielpferd auf die Wachtstube zu bringen. Kaspar, der sich bisher fast immer nur unempfindlich, gleichgültig, unteilnehmend oder niedergeschlagen gezeigt hatte, wurde beim Anblick dieses hölzernen Rosses plötzlich wie umgewandelt und benahm sich nicht anders, als hätte er in diesem Pferdchen einen alten, langersehnten Freund wiedergefunden. Ohne lärmende Freude, aber mit lächelndem Gesichte weinend, setzte er sich sogleich auf den Boden zu dem Pferde hin, streichelte, tätschelte es, hielt unverwandt seine Augen darauf geheftet und suchte es mit allen den bunten, glänzenden, klingenden Kleinigkeiten zu behängen, womit das Wohlwollen ihn beschenkt hatte. Erst nunmehr, da er das Rößchen damit ausschmücken konnte, schienen alle diese Dinge den rechten Wert für ihn gewonnen zu haben. Als die Zeit kam, wo er die Polizeiwachtstube verlassen sollte, suchte er das Roß aufzuheben, um es mit sich nach Haus zu tragen, und einte dann bitterlich, als er wahrnahm, daß er in seinen Armen und auf seinen Füßen zu schwach sei, um diesen seinen Liebling mit sich über die Schwelle der Stubentüre hinauszubringen*). Sooft er

*) Er war noch lange nachher äußerst schwach in den Armen wie in den Füßen. Erst im September 1828, als er schon den Anfang mit Fleischspeisen gemacht hatte, waren seine Kräfte durch wiederholte Übung so weit gediehen, daß er ein Gewicht von 25 Pfund mit beiden Händen ein wenig vom Boden in die Höhe ziehen konnte.

dann nachher die Wachtstube zu besuchen kam, setzte er sich sogleich zu seinem lieben Roß auf den Boden nieder, ohne die Menschen um ihn her im mindesten zu beachten. «Stundenlang», sagt einer der Polizeisoldaten in seiner erst polizeilichen, späterhin gerichtlichen Vernehmung, «saß Kaspar mit seinem Rosse spielend neben dem Ofen, ohne auf das, was um und neben ihm vorging, auch nur im mindesten achtzugeben.»

Aber auch auf dem Turm in seinem Schlaf- und Wohnstübchen versah man ihn bald nicht bloß mit einem, sondern mit verschiedenen Rossen. Diese Rosse waren von nun an, solange er sich zu Haus befand, unausgesetzt seine Gesellschafter und Gespielen, die er nicht von seiner Seite, noch aus seinen Augen ließ und mit denen er – wie man durch eine verborgene Öffnung in der Türe beobachten konnte – sich beständig zu schaffen machte. Ein Tag war darin dem andern, eine Stunde der andern gleich, daß Kaspar neben seinen Rossen, mit gerade vor sich ausgestreckten Füßen, auf dem Boden saß, seine Rosse beständig bald auf diese bald auf jene Weise mit Bändern, Schnüren oder bunten Papierfetzen schmückte, mit Münzen, Glöckchen, Goldflittern behing und darüber zuweilen in tiefes Nachdenken versunken schien, wie er diesen Putz durch abwechselndes Dahin- oder Dorthin-Legen verändern möge. Auch führte er sie zum öftern, ohne sich dabei von der Stelle zu bewegen oder seine Lage zu verändern, neben sich hin und her, doch sehr vorsichtig und ganz leise, damit, wie er späterhin äußerte, das Rollen der Räder kein Geräusch verursache und er nicht dafür geschlagen werde. Nie aß er sein Brot, ohne zuvor jeden Bissen den Pferdchen an den Mund gehalten, trank nie sein Wasser, ohne zuvor ihre Schnauze hineingetaucht zu haben, die er dann jedesmal sorgfältig wieder abzuwischen pflegte. Eines dieser Pferdchen war von Gips, dessen Mund denn bald vom Eintauchen erweichte. Er wußte nicht, woher dies komme, indem er wohl bemerkte, daß die Schnauze der andern Rosse naß werde, doch nicht ihre Form verändere. Der Gefangenwärter, dem er weinend sein Unglück mit dem Gipspferdchen vorzeigte, gab ihm zu seiner Beruhigung zu verstehen, dieses Pferdchen möge kein Wasser; worauf er es denn zu tränken unterließ, indem er glaubte, es zeige ihm durch die am Mund sichtbare Verunstaltung seine Abneigung gegen das Trinken an. – Der Gefangenwärter, welcher oft sah, wie Kaspar sich abmühte, die Pferde mit seinem Brot zu füttern, suchte ihm begreiflich zu machen, diese Pferde könnten nicht fressen. Allein Kaspar meinte ihn damit zu widerlegen, daß er auf die Brotkrumen deutete, die an der Schnauze seiner Pferde hängen geblieben waren. – Das eine seiner Rosse hatte einen Zaum in dem weitgeöffneten Maul; er verfertigte nun auch seinem andern Pferde einen Zaum aus zusammenhängenden Goldflittern und bemühte sich, dieses auf allerlei Weise zu bewegen, seinen Mund zu öffnen, damit er ihm den Zaum hineinlege, – ein Versuch, womit er sich zwei Tage lang unermüdlich plagte. Einst schlief er auf einem Schaukelpferde ein, fiel herab und quetschte sich am Finger; da beklagte er sich, daß ihn das Pferd gebissen habe. – Als er eines Tags mit einem andern seiner Pferde über den Boden fuhr und dieses mit den Hinterfüßen in eine Lücke des Bodens geriet und vorne aufstieg, bezeigte er darüber die größte Freude und wiederholte dann beständig dieses ihm so merkwürdige Schauspiel, das er allen seinen Besuchern zum besten gab. Da ihm der Gefangenwärter seinen Unwillen darüber bezeigte, daß er allen Leuten immer dasselbe vormache, unterließ er dieses zwar, weinte aber, daß er sein steigendes Pferd nicht mehr zeigen solle. Einmal fiel dieses beim Aufsteigen um; da kam er ihm mit eiliger Zärtlichkeit zu Hilfe und äußerte sein Leid darüber, daß es sich wehe getan. Er war vollends untröstlich, als er einmal den Gefangenwärter einem dieser Pferde einen Nagel einschlagen sah.

Hieraus und aus vielen andern Umständen ließ sich vermuten, was nicht lange nachher zu voller Gewißheit wurde: daß die Vorstellung von Lebendigem und Totem, Beseeltem und Unbeseeltem, von Organischem und Unorganischem, von Naturgegenständen und Kunsterzeugnissen sich in seiner Kinderseele noch seltsam durcheinander mische.

Tiere unterschied er von Menschen bloß an ihrer Gestalt, Männer und Frauen an der Kleidung, die ihm, wegen der mannigfaltigen, in die Augen stechenden Farben, am weiblichen Geschlecht besser als am männlichen gefiel; weshalb er auch späterhin noch öfters den Wunsch äußerte, ein Mädchen zu werden, das heißt Frauenkleider zu tragen. –

Daß aus den Kindern große Leute würden, wollte ihm durchaus nicht einleuchten; und am hartnäckigsten widersprach er, wenn man ihm versicherte, daß er doch auch einmal ein Kind gewesen und daß er wahrscheinlich noch bedeutend werde größer werden, als er jetzt schon sei. Erst einige Monate später überzeugte er sich davon, als er an einem an die Wand gezeichneten Maß, nach wiederholten Proben, die eigne Erfahrung von seinem, noch dazu schnellen Wachstum gemacht hatte.

Von Religion war nicht ein Fünkchen, von einer Dogmatik auch nicht das kleinste Stäubchen in seiner Seele zu finden, so sehr sich einige Geistliche, gleich in den ersten Wochen nach seinem Erscheinen zu Nürnberg, die unzeitige Mühe gaben, es in ihm zu suchen und aufzuregen. Von allen ihren Fragen, Reden und Predigen hätte jedes Tier nicht weniger verstanden und begriffen als Kaspar. Was er an Religion mitbrachte, bestand – wenn es ohne Lästerung dieses Namens so genannt werden darf – lediglich in demjenigen, was ihm dummfromme Bosheit bei seiner Aussetzung zu Nürnberg in die Tasche mitgegeben hatte.

Es wird vielleicht nicht uninteressant sein, über Kaspar Hausers Benehmen während seines Aufenthalts auf dem Turm die Äußerung eines einfachen, aber verständigen Mannes zu vernehmen, des Gefangenwärters *Hiltel,* der ihn mehre Wochen unter seiner Aufsicht gehabt hatte. Dieser äußert sich zum Protokoll unter andern wie folgt:

«Bald nachdem ich den angeblichen Kaspar Hauser einige Zeit im stillen beobachtet hatte, erlangte ich die Überzeugung, daß derselbe nichts weniger als simpelhaft und von der Natur verwahrlost, sondern vielmehr auf unbegreifliche Weise von aller Ausbildung und geistigen Entwicklung zurückgehalten worden sein müsse. Die unendlich vielen Belege und Erscheinungen anzuführen, welche sich mir aus den mit Hauser angestellten Beobachtungen hierüber unzweifelhaft ergaben, würde hier zu weit führen. Er hat sich in den ersten Tagen seines Aufenthalts bei mir gerade wie ein kleines Kind benommen und allenthalben die größte Natürlichkeit und Unschuld zu erkennen gegeben. Am 4. oder 5. Tage wurde er von dem obern, engern Verwahrungsort des Gefängnisturms in die tiefere Etage desselben, in welcher ich mit meiner Familie wohne, in ein kleines Zimmerchen gebracht, welches Vorrichtungen hatte, mittelst deren ich ihn stets beobachten konnte, ohne daß er es wahrzunehmen vermochte. Hier habe ich ihn, dem mir vom Herrn Bürgermeister gegebenen Befehl gemäß, unbemerkt zum öftern beobachtet und sein Benehmen, wenn er allein war, ganz unverändert gefunden. Er ergötzte sich an seinem Spielzeug für sich allein ebenso, als wie er dies in meiner Gegenwart natürlich, unbefangen tat; denn wenn er in der ersten Zeit mit seinen Spielsachen ernstlich beschäftigt war, so mochte um ihn her vorgehen, was da wollte, er nahm davon keine Notiz. Doch muß ich bemerken, daß dieses Vergnügen an kindischem Spielzeug nur von kurzer Dauer war. Sowie seine Sinne auf ernstere und nützlichere Gegenstände gerichtet und dafür empfänglich gemacht worden waren, hatte er am Spielen keine Freude mehr. – Sein ganzes Benehmen war, so zu sagen, ein reiner Spiegel kindlicher Unschuld; er hatte nichts Falsches an sich; wie es ihm ums Herz war, so sprach er sich aus, soweit es nämlich seine dürftige Sprache zuließ. Einen sicheren Beleg seiner Unschuld und Unwissenheit gab er auch bei Gelegenheit, als ich und meine Frau ihn das erste Mal entkleideten und seinen Körper reinigten; sein Benehmen hiebei war das eines Kindes, ganz natürlich und ungeniert*). – Nachdem er das Spielzeug bekommen hatte und auch andere Personen zu ihm gelassen wurden, habe ich bisweilen meinen 11jährigen Sohn Julius zu ihm gelassen, der ihn denn gleichsam das Sprechen lernte, Buchstaben vormachte und ihm Begriffe, soweit er selbst sie hatte, mitzuteilen suchte. Zugleich ließ ich manchmal mein dreijähriges Mädchen, Margaretha, auf seine Stube kommen, mit der er anfangs sehr gerne spielte und die ihn Glasperlen an eine Schnur zu reihen lehrte. An dieser Unterhaltung fand er sobald keine Befriedigung mehr, als er sein totes Spielzeug satt hatte. In der letzten Zeit seines Aufenthalts bei mir, hatte er seine größte Freude und Unterhaltung an Zeichnungen und Kupferstichen, die er in seinem Zimmerchen an die Wände klebte.»

IV.

Kaspar wurde auf dem Turm, schon nach den ersten Tagen, nicht als Gefangener, sondern als ein verlassenes, verwahrlostes, der Pflege und Erziehung bedürftiges Kind behandelt. Der Gefangenwärter nahm ihn mit sich an seinen Familientisch, wo er zwar am Essen nicht teilnahm, doch gehörig sitzen, seine Hände auf menschliche Weise gebrauchen und manche andere Sitte gebildeter Menschen kennen und nachahmen lernte. Gern spielte er mit den Kindern seines Wärters, welche sich ebenfalls nicht ungern mit dem gutmütigen, durch seine große Unwissenheit selbst Kindern

*) Nicht lange nachher erwachte jedoch das Gefühl der Scham; und er wurde nun so verschämt wie das zartfühlendste, keuscheste Mädchen. Eine Entblößung ist für ihn etwas Entsetzliches. Nachdem das wilde brasilianische Mädchen Isabella, welches die Herren *Spir* und *Martius* mit sich nach München gebracht hatten, einige Zeit unter zivilisierten Menschen gelebt und Kleider getragen hatte, war sie nur mit der größten Mühe durch Drohungen und Schläge dahin zu bringen, daß sie, um einem Zeichner zu stehen, sich entkleidete.

possierlichen Jüngling unterhielten und von welchen das älteste, der 11jährige Julius – den Kaspar besonders liebgewonnen hatte – sich das seiner kleinen Eitelkeit nicht wenig schmeichelnde Geschäft machte, diesem jungen rüstigen Burschen, dem schon der Anfang eines Barts um das Kinn sproßte, – das Sprechen zu lehren.

Bald führte ihm die Neugier täglich, stündlich eine Menge von Menschen zu, von denen die wenigsten sich bloß mit dem Angaffen des zahmen Wilden begnügten. Die meisten machten sich auf mancherlei Weise, jeder auf seine Art, mit ihm zu schaffen. Manchem war er wohl nur Gegenstand der Belustigung oder nichts weniger als wissenschaftlicher Experimente. Doch gab es auch viele, die sich ihm vernünftig mitzuteilen, ihn geistig zu wecken und zur Mitteilung anzuregen suchten. Der eine sagte ihm Worte und Redensarten vor, die er ihn nachsprechen ließ, der andere suchte ihm durch Zeichen und Pantomimen, oder wie es sonst ging, Unbekanntes bekannt, Unverständliches verständlich zu machen. An jeder Sache, an jedem Spielzeug, womit die menschliche Teilnahme der guten Nürnberger dem armen Jüngling nahte, gewann er neue Gedankenstoffe, wurde er um einige Begriffe und um mehre Wortlaute reicher. Vorzüglich aber wurde in diesem lebhaften Menschenverkehr seine allmählich zu hellerem Bewußtsein erwachende Seele mannigfaltig zum Aufmerken, Reflektieren und Denken angeregt und, durch das zunehmende, von Tag zu Tag höher gesteigerte Bedürfnis nach Mitteilung, der bekannte, in dem menschlichen Geist instinktmäßig arbeitende, erfinderische Sprachmeister in immer reger Beschäftigung erhalten.

Ungefähr 14 Tage nach Kaspars Ankunft zu Nürnberg führte sein günstiges Geschick ihm noch den würdigen Professor *Daumer* zu, einen jungen, denkenden Gelehrten, der in seinem menschlichen Herzen den Beruf fand, sich der geistigen Entwickelung, Bildung und Unterweisung dieses Unglücklichen anzunehmen – soweit der ungestüme Zudrang der Neugierigen und andere hemmende, störende Umstände dieses nur immer gestatten mochten. Und so müßte denn Kaspar weit weniger Regsamkeit des Geistes, keinen so heißen Eifer, alles ihm Neue aufzufassen, kein so lebendiges, jugendlich kräftiges Gedächtnis zum treuen Festhalten des einmal Aufgefaßten besessen haben, als er zu allgemeiner Verwunderung wirklich zeigte, wenn er nicht in kurzem wenigstens so viel sprechen gelernt hätte, um notdürftig seine Gedanken auszudrücken. Freilich aber waren seine Sprechversuche geraume Zeit ein so lückenhaftes, dürftiges, kindisch unbehilfliches Wortgehäcksel, daß man selten bestimmt wissen konnte, was er mit seinen durcheinander geworfenen Redebruchstücken ausdrücken wolle; immer blieb dem Hörenden vieles zu erraten und durch Vermutungen zu ergänzen übrig. An ein zusammenhängendes Reden und Erzählen war bei ihm vollends gar noch nicht zu denken.

Dem ersten Bürgermeister der Stadt, Herrn *Binder,* als Chef der städtischen Polizei, mußte Kaspar, nicht bloß von Seite des menschlichen Interesses, sondern auch hauptsächlich in amtlicher Beziehung, nahe am Herzen liegen; und er widmete diesem wunderseltenen Polizei-Gegenstande seine besondere Aufmerksamkeit und Teilnahme. Es war wohl von selbst einleuchtend, daß die alltäglichen Amtsformen für diesen nichts weniger als alltäglichen Fall nicht gemacht sein konnten*) und, um einigermaßen hinter das Geheimnis zu kommen, mit förmlichen Vernehmungen, Verhören und dergleichen amtlichen Prozeduren wenigstens vor der Hand nichts ausgerichtet werden könne. Herr Binder wählte daher, gewiß mit vollem Recht, einstweilen den Weg des freieren, außeramtlichen Wirkens. Er ließ Kaspar fast täglich in seine

*) Man hätte aber auch *späterhin* nicht den bedenklichen Versuch machen sollen, die bloßen Privatunterhaltungen in die *scheinbare Form* amtlicher Verhöre umzukleiden: was den in dieser Sache erwachsenen Polizei-Akten ein seltsames Ansehen gibt.

Wohnung bringen, machte ihn bei sich und in seiner Familie gleichsam einheimisch, sprach mit ihm und ließ ihn sprechen, so gut oder übel dieses gehen mochte, und bemühte sich, durch vielfältiges, wiederholtes Hin- und Herfragen Auskunft über sein Leben und Hieherkommen zu erhalten. Auch gelang es endlich, nach vieler Mühe, Herrn Binder – oder er glaubte es ihm gelungen – aus den einzelnen Antworten und Äußerungen Kaspars den Stoff zu einer Geschichte herauszusaugen, welche bereits am 7. Juli desselben Jahrs in einer öffentlichen Bekanntmachung*) der Welt mitgeteilt wurde.

Ist nun gleich in dieser amtlich bekannt gemachten Geschichte – wenn man sie so nennen will – manches Unglaubliche und Widersprechende, ist bei manchen, nur allzu ausführlich und zuversichtlich gegebenen, Einzelheiten nicht wohl auszumitteln, wieviel davon dem Antwortenden oder dem Fragenden gehören möge und was davon wirklich aus Kaspars trüber Erinnerung geflossen oder ihm durch vieles Fragen unwillkürlich aufgeredet und eingefragt oder durch Vermutungen ergänzt und ausgemalt oder auch auf bloß mißverstandenen Äußerungen dieses an Begriffen bettelarmen, mit den alltäglichsten Gegenständen der Natur und des Lebens damals noch unbekannten halb-stummen Tiermenschen gegründet sei: so stimmt doch die erwähnte Geschichtserzählung im ganzen und allgemeinen, das heißt was die *wesentlichsten Hauptumstände* betrifft, mit demjenigen überein, was Hauser in einem späterhin von ihm selbst verfaßten schriftlichen Aufsatze niedergelegt, bei den im Jahr 1829 mit ihm gepflogenen gerichtlichen Verhandlungen eidlich beteuert und dem Verfasser sowie vielen andern Personen, bei verschiedenen Gelegenheiten, immer mit sich selbst übereinstimmend erzählt hat.

*) Diese Bekanntmachung ist es, welche bisher allen über Kaspar erschienenen Broschüren und Blättleins-Nachrichten zur Grundlage gedient hat.

Diese seine Angaben sind im kurzen folgende:

Er wisse nicht, wer er selbst und wo seine Heimat sei. Erst zu Nürnberg sei er auf «die Welt gekommen»*); hier erst habe er erfahren, daß es, außer ihm und «dem Manne, bei dem er immer gewesen», auch noch andere Menschen und Geschöpfe gebe. Solange er sich entsinnen könne, habe er immer nur in einem Loch (kleinem, niedrigem Gemach, das er zuweilen auch *Käfig* nennt) gelebt, wo er, bloß mit einem Hemd und ledernen, hinten aufgeschlitzten Hosen bekleidet und barfuß, auf dem Boden gesessen sei**). Er habe in seinem Gemach nie einen Laut gehört, weder von Menschen, noch von Tieren, noch von sonst etwas. Den Himmel habe er nie gesehen, noch habe er je eine Hellung (Sonnenlicht), wie zu Nürnberg, wahrgenommen. Einen Unterschied zwischen Tag und Nacht habe er nie erfahren, noch weniger habe er die schönen Lichter am Himmel jemals zu sehen bekommen. Neben ihm habe sich in dem Boden ein Loch (wahrscheinlich mit einem Topf) befunden, in welchem er seine Notdurft verrichtet habe. Sooft er vom Schlafe erwacht, sei ein Brot neben ihm gelegen und ein Krug mit Wasser gestanden. Zuweilen habe das Wasser einen sehr bösen Geschmack gehabt; dann habe er, bald nach dessen Genuß, seine Augen nicht mehr offenhalten können und habe

*) Ein ihm noch jetzt geläufiger Ausdruck, womit er seine Aussetzung zu Nürnberg und sein Erwachen zum geistigen Leben zu bezeichnen pflegt.

**) Nach Kaspars umständlicher Angabe, – welche durch die an seinem Körper zurückgebliebenen unverkennbaren Spuren, durch den ihm ganz eigenen Bau des Knies und der Kniekehle, durch die, nur ihm mögliche, ganz eigentümliche Art, auf dem Boden mit ausgestreckten Füßen zu sitzen, vollkommen bestätigt wird – hat er niemals, auch nicht im Schlafe, mit dem ganzen Körper ausgestreckt gelegen, sondern immer, wachend und schlafend, *mit geradeangelehntem Rücken gesessen.* Wahrscheinlich, daß die Beschaffenheit seines Lagers und eine besondere Vorrichtung ihm diese Stellung notwendig machten. Er selbst weiß hierüber keine nähere Auskunft zu geben.

einschlafen müssen*); wenn er hierauf wieder erwacht sei, habe er wahrgenommen, daß er ein reines Hemd anhabe und seine Nägel beschnitten seien**). Den Mann, der ihm Essen und Trinken gebracht, habe er nie im Gesicht gesehen. In seinem Loch habe er zwei hölzerne Pferde gehabt und verschiedene Bänder dabei. Mit jenen Rossen habe er sich, solange er gewacht, zu jeder Zeit unterhalten; seine einzige Beschäftigung sei gewesen, sie neben sich herlaufen zu lassen und die Bänder, die er gehabt, ihnen bald so, bald anders aufzulegen oder umzuknüpfen. So sei ihm ein Tag wie der andere vergangen; er habe aber nichts vermißt, sei nicht krank gewesen, habe – ein einzigmal ausgenommen – nichts von Schmerz empfunden, und überhaupt sei es ihm da viel besser gegangen als auf der Welt, wo er so viel zu leiden habe. Wie lange er in dieser Lage gelebt, wisse er nicht, weil er keine Zeit gekannt. Er könne nicht angeben, wann und wie er hineingekommen; habe auch keine Erinnerung, daß er jemals in seinem Leben sich in einem andern Zustand und anderswo als in jenem Ort befunden habe. Der Mann, bei dem er immer gewesen, habe ihm nichts zu leid getan. Eines Tages aber – was nicht lange vor seinem Wegbringen geschehen sein könne – als er mit seinen Rossen zu stark

*) Daß dieses Wasser mit Opium gemischt gewesen, ließ nicht nur schon diese Erzählung vermuten, sondern wurde auch späterhin bei folgender Gelegenheit zu vollkommener Gewißheit. Als Kaspar schon längst bei Prof. Daumer lebte, suchte ihm einmal sein Arzt einen Tropfen Opium in einem Glas Wasser beizubringen. Kaum hatte Kaspar einen Schluck von diesem Wasser getan, so sagte er: Das Wasser da ist garstig, das schmeckt ja gerade wie das Wasser, das ich manchmal in meinem Käfig habe trinken müssen.

**) Hieraus und aus andern Umständen ergibt sich, daß Kaspar, während seiner Einkerkerung, immer mit einer gewissen Sorgfalt behandelt worden. Daher erklärt sich denn auch seine lang bewahrte Anhänglichkeit an den Mann, «bei dem er immer gewesen», welche erst in sehr späten Zeiten nachgelassen hat, doch auch jetzt noch nicht bis zu dem Grade, daß er eine Bestrafung dieses Mannes wünschte. Er möchte nur diejenigen bestraft wissen, auf deren Geheiß er eingesperrt worden ist; der Mann aber habe ihm nichts Böses getan.

gefahren und zu viel Lärm gemacht habe, sei der Mann gekommen und habe ihn mit einem Stock (oder Scheit Holz) auf den Arm geschlagen; dies sei die Wunde, die er nach Nürnberg mitgebracht.

Ungefähr gegen dieselbe Zeit habe sich einmal der Mann in seinem Kerker eingefunden, habe ein Tischchen über seine Füße hergestellt, habe etwas Weißes, das er jetzt für Papier erkenne, vor ihm ausgebreitet, dann von hinten her, so daß er nicht habe von ihm gesehen werden können, seine Hand ergriffen und sei mit einem Ding, das er ihm zwischen die Finger gesteckt (Bleistift), auf dem Papier hin- und hergefahren. Er (Hauser) habe nicht gewußt, was das sei, habe aber gewaltige Freude empfunden, als er die schwarzen Figuren auf dem weißen Papier entstehen gesehen. Als er seine Hand wieder frei gefühlt und der Mann ihn verlassen, habe er, in der Freude über die neue Entdeckung, nicht satt werden können, diese Figuren immer wieder von neuem auf das Papier zu malen. Über diese Beschäftigung habe er nun fast seine Rosse vernachlässigt, obgleich er nicht gewußt, was jene Züge bedeuten sollten. Der Mann habe auf dieselbe Weise seine Besuche zu verschiedenen Zeiten wiederholt*).

*) Daß Kaspar wirklich Unterricht im Schreiben, und zwar *regelmäßigen Elementar-Unterricht* gehabt habe, dafür lieferte er, schon am ersten Morgen nach seinem Erscheinen zu Nürnberg, augenscheinlichen Beweis. Als der Gefangenwärter Hiltel an gedachtem Morgen zu ihm in sein Gefängnis kam, gab er ihm, um ihn zu beschäftigen oder ihm eine Freude damit zu machen, einen Bogen Papier nebst einem Bleistift. Kaspar fiel hastig über beides her, legte das Papier auf die Bank, setzte sich davor hin auf den Boden und fing zu schreiben an und schrieb, ohne aufzublicken oder sich durch irgend etwas darin stören zu lassen, unablässig fort, bis der ganze Folio-Bogen auf allen seinen vier Seiten vollgeschrieben war. Dieser bei den Polizei-Akten befindliche Bogen sieht nun nicht viel anders aus, als wenn Kaspar, der gleichwohl nur aus dem Gedächtnisse schrieb, eine Vorschrift, nach welcher Kinder beim ersten Schreibunterricht sich zu üben pflegen, eben jetzt vor sich liegen gehabt hätte. Dieser Bogen besteht nämlich aus Reihen von Buchstaben und Silben, von denen jede Zeile fast immer nur denselben Buchstaben, dieselbe Silbe wiederholt; am Ende der Seiten sind sogar, wie bei Kindervorschriften üblich ist, alle Buchstaben des Alphabets, wie sie aufeinander folgen, wieder in einer Zeile zusammengestellt, und gegenüber stehen, in einer andern Zeile, die arabischen

Hierauf sei der Mann ein anderes Mal wieder gekommen, habe ihn von seinem Lager aufgehoben, ihn auf die Füße gestellt und ihn stehen zu lehren versucht, was er zu verschiedenen Zeiten wiederholt. Er habe dieses in der Art bewerkstelligt, daß er ihn von hinten fest um die Brust gefaßt, seine Füße hinter Kaspars Füße gestellt und diese zum Vorwärtsschreiten aufgehoben habe.

Endlich sei einmal wieder der Mann erschienen, habe Kaspars Hände über seine Schultern gelegt, jene zusammengebunden und ihn so auf seinem Rücken aus dem Loch herausgeschleppt. Er sei einen Berg hinauf- [oder herab-]*) getragen worden. Er wisse nicht, wie ihm gewesen; es sei ganz Nacht geworden, und man habe ihn auf den Boden gelegt. Dieses «Nachtwerden» bedeutete, wie sich zu Nürnberg bei verschiedener Gelegenheit ergab, in Kaspars Sprache auch so viel wie «ohnmächtig werden».

Die Erzählung seiner weiteren Reise beschränkt sich im Wesentlichen darauf, daß er mehrmals mit dem Gesicht auf dem Boden gelegen habe, wo es dann Nacht geworden sei; daß er einige Male Brot gegessen und Wasser getrunken; daß der Mann, «bei dem er immer gewesen», öfters ihn gehen zu lehren sich bemüht habe, was ihm immer sehr wehe getan und so weiter. «Dieser Mann habe nichts zu ihm gesprochen, außer daß er ihm immer die Worte vorgesagt: Reutä wähn und so weiter. Er (Kaspar) habe den Mann

Ziffern, von 1 bis 0, ebenfalls in vollkommener Ordnung. Eine Seite des Bogens wiederholt immer den Namen «Kaspar Hauser». Auch kommt darauf das Wort «reider» (Reuter) mehrmals vor. Daß jedoch Kaspar über die ersten Elemente des Schreibens nicht hinausgekommen, geht aus jenem Probebogen ebenfalls klar hervor.

* Es ist an sich klar, und wird durch andere Umstände erweislich, daß Kaspar die aufsteigende Bewegung von der absteigenden, Höhe und Tiefe damals, selbst im Gefühl, noch nicht unterscheiden, wie viel weniger diesen Unterschied durch Worte gehörig bezeichnen konnte. Was Kaspar «Berg» nennt, war wohl, wie nach andern Äußerungen desselben nicht unwahrscheinlich ist, eine *Treppe*. Kaspar will sich erinnern, daß er beim Tragen neben angestreift sei.

so wenig auf dieser Reise als früher im Gefängnis im Gesicht gesehen. Dieser habe ihm, sooft er ihn geführt, streng bedeutet, immer vor sich hin auf den Boden und auf seine Füße zu blicken, was er teils aus Furcht, teils auch darum gewissenhaft befolgt, weil er ohnehin mit sich und seinen Füßen genug zu tun gehabt habe. Nicht lange zuvor, ehe er zu Nürnberg wahrgenommen worden, habe ihm der Mann die Kleider angezogen, mit denen er zu Nürnberg erschienen. Sehr schmerzhaft sei es ihm gewesen, als ihm die Stiefel angezogen worden; denn der Mann habe ihn auf die Erde niedergesetzt, ihn von hinten gepackt, seine Füße gewaltsam hinaufgezogen und ihm so vom Rücken her seine Füße in die Stiefel hineingezwängt. Nun sei es wieder vorwärts gegangen, noch elender als zuvor. Er habe, so wenig jetzt als früher, irgend etwas von den ihn umgebenden Dingen wahrgenommen, habe nichts beobachtet und nichts gesehen; könne daher nicht angeben, von welcher Gegend her, in welcher Richtung, auf welchem Weg er nach Nürnberg hineingekommen. Nur so viel sei ihm bewußt, daß zuletzt der Mann, der ihn geführt, ihm den Brief in die Hand gedrückt habe und dann verschwunden sei; worauf ein Bürger ihn (Kaspar) wahrgenommen und zur Wache am neuen Tor gebracht habe.

Diese Geschichte der geheimnisvollen Gefangenhaltung und Aussetzung eines jungen Menschen ist nun fürwahr nicht nur ein grauenhaftes, sondern auch ein seltsames, dunkles Rätsel, wobei sich außerordentlich vieles fragen und raten, aber wenig mit Gewißheit beantworten läßt und welches natürlicher Weise, solange noch nicht dessen Auflösung gelungen, mit jedem andern Rätsel die Eigenschaft gemein hat, daß es – rätselhaft ist. Der *Seelenzustand* Kaspars während seines Kerkerlebens war der Zustand eines Menschen, der, als Kind in tiefen Schlaf versenkt, diesen Schlaf, in welchem es für ihn keinen Traum, wenigstens keinen Wechsel von Träumen gibt, dumpf fortschläft, bis er, im wilden Getöse der bunten Welt, von Angst und Schmerz aufgeschreckt, daraus erwacht und nun, betäubt, nicht weiß, wie ihm geschehen sei. Wer in der Folge, nachdem solch ein Mensch zu vollem Bewußtsein gekommen, eine vollständige, umständliche, den Verstand über alle Zweifel befriedigende, geschichtliche Beschreibung seines Schlafs und seiner Träume erwartete, würde nichts Geringeres verlangen, als daß ein Schlafender schlafend gewacht, ein Wachender wachend geschlafen habe.

In gewissen Gegenden Deutschlands, welche ein zweiter Dupin auf seiner Landkarte der Aufklärung mit Dunkelgrau ausmalen dürfte, sind ähnliche Ereignisse, wie sie Hauser von sich erzählt, nichts weniger als unerhört. So sah Dr. Horn*) noch vor wenigen Jahren in dem Krankenhaus zu Salzburg ein 22jähriges nicht häßliches Mädchen, die bis in ihr 16. Jahr in einem Schweinstall unter den Schweinen auferzogen worden war und darin viele Jahre mit übereinandergeschlagenen Beinen gesessen hatte. Das eine Bein war ganz verbogen, sie grunzte wie ein Schwein und betrug sich ungebärdig in ihrem menschlichen Anzug. Gegen solchen Greuel sind die an Kaspar verübten Verbrechen sogar noch schonungsvolle Handlungen der Menschlichkeit.

Daß Kaspar von der Art und Weise, wie er nach Nürnberg geschafft worden, so wenig anzugeben, von seinen Reiseabenteuern, von den Orten, durch welche er gekommen, und von allem andern, was wir auf unsern Reisen, zu Wagen oder zu Fuß, zu sehen und zu beobachten pflegen, so gut wie gar nichts zu erzählen weiß, ist so wenig zu verwundern, daß vielmehr das Gegenteil ein Wunder sein müßte. Wäre sogar Kaspar bereits in seinem Kerker zu vollkommen klarem, vernünftigem Selbstbewußtsein erwacht gewesen, hätte er in seiner Gruft, wie Sigismund in seinem Turm**), durch Erziehung und Bildung zur geistigen

*) In dessen *Reisen durch Deutschland.* (Siehe Göttinger gelehrte Anzeigen. Juli 1831. S. 1097.)

**) In Calderons «Leben ein Traum».

Reife eines Jünglings gedeihen können, so würde er gleichwohl, in Folge des plötzlichen Übergangs aus engem, dumpfem Kerker in die freie Natur, in Ohnmacht oder in einen höchster Trunkenheit ähnlichen Zustand haben geraten müssen. Der ungewohnte Eindruck der äußern Luft mußte ihn betäuben, das helle Sonnenlicht seine Augen blenden. Er würde sogar mit ungeblendeten sehenden Augen doch nichts gesehen, wenigstens nichts *bemerkt* und *erkannt* haben; es konnte damals die Natur mit allen ihren Erscheinungen nur wie eine verworrene, buntgefleckte Masse, in welcher für ihn noch nichts Einzelnes sich unterscheiden ließ, vor seinem Gesicht vorüberflimmern, was, wie wir bald zeigen werden, noch zu Nürnberg an ganz unzweideutigen Erfahrungen sich bewährt hat.

Von welcher Gegend ungefähr Kaspar hergebracht worden, auf welchem Weg er gekommen und durch welches Tor, ob er zu Fuß oder zu Wagen oder abwechselnd auf beide Art seine Reise gemacht habe, dieses und anderes dergleichen sind Fragen, die, wenn sie auch mit Entschiedenheit beantwortet werden könnten, doch nur für den untersuchenden und erkennenden Richter, wenig für das Publikum von Interesse sein würden. Kaspar selbst erinnert sich nur seines Gehens, ohne daß sich in seiner Erzählung ein Maßstab auffinden ließe, nach welchem man einigermaßen beurteilen könnte, wie lang er zu Fuß gegangen, welchen Raum er ungefähr gehend zurückgelegt habe. Daß er vom Fahren gar keine Erinnerung hat, beweist noch keineswegs, daß er nicht dennoch, und vielleicht die größte Strecke des Wegs, gefahren worden. Kaspar versinkt auch jetzt noch beim Fahren, zumal in freier Luft, sehr bald in einen förmlichen Totenschlaf, aus welchem er, der Wagen mag rollen oder still stehen, nicht zu erwecken ist und in welchem Zustand man ihn, so unsanft es auch geschehe, aufheben, hinlegen, auspacken und wieder einpacken kann, ohne daß er davon das Mindeste wahrnähme. Hat ihn einmal der Schlaf gefaßt, so ist kein Geräusch und Getös, kein Schall, kein Donner stark genug, ihn aufzuwecken. Wurde nun Kaspar – wie aus seinen eignen Angaben zu schließen ist – sobald er in die freie Luft kam, ohnmächtig, hatte man ihm wohl gar, zu größter Vorsicht, vorher noch von dem übelschmeckenden Wasser [mit Wasser verdünntem Opium]*) zu trinken gegeben, so konnte man ihn getrost in einen Wagen werfen und hierauf einige oder auch mehre Tagreisen mit ihm zurücklegen, ohne daß man zu besorgen hatte, daß er aufwachen, schreien oder sonst auf eine Weise seinem Entführer sich unbequem erweisen möge.

Auf scharfsinnige Weise sucht Herr *Schmidt von Lübeck* in seiner Schrift *Über Kaspar Hauser* (Altona, 1831 8.) die Vermutung zu begründen, daß *Kaspar* ganz aus der *Nähe* von Nürnberg dahin gebracht worden sei. Für diese wie für noch viele andere Vermutungen läßt diese Geschichte weiten, unbegrenzten Raum. Daß derjenige, von welchem Hauser nach Nürnberg gebracht worden, ein mit Nürnberg und dessen Örtlichkeiten genau bekannter Mann sein müsse, ist gewiß, und daß er ehemals als Soldat bei seinem dortigen Regiment gedient, wenigstens höchst wahrscheinlich.

Die an der Person Kaspars begangenen Verbrechen, soweit dieselben angezeigt vorliegen, sind, nach bayerischem Strafgesetzbuch beurteilt:

I. das Verbrechen *widerrechtlicher Gefangenhaltung* (StGB. Teil I. Art. 192 bis 195), und zwar doppelt ausgezeichnet, sowohl hinsichtlich der *Dauer,* soferne die Gefangenhaltung von der frühesten Kindheit an, wie es scheint, bis in das Jünglingsalter fortgesetzt worden ist, als auch hinsichtlich der *Art,* soferne dieselbe mit besonderen *«Mißhandlungen»* verbunden war, wohin nicht bloß das tierische, den Körper des Unglücklichen verkrüppelnde Lager, die elende, kaum einem Hund genügende Kost, sondern auch, und zwar vor allem, die grausame Versagung jeder,

*) Siehe oben.

auch der kleinsten Gaben, welche die Natur selbst über den Ärmsten mit freigebigen Händen ausschüttet, die Entziehung aller Mittel geistiger Entwickelung und Ausbildung, das widernatürliche Zurückhalten einer menschlichen Seele im Zustande vernunftloser Tierheit unstreitig zu rechnen sind. Es trifft damit

II. objektiv zusammen das Verbrechen der *Aussetzung*, welches, nach dem StGB. Teil I. Art. 174 nicht bloß an Kindern, sondern auch an *erwachsenen* Personen begangen werden kann, wenn sie «wegen Krankheit oder Gebrechlichkeit sich selbst zu helfen unvermögend sind», unter welche Personen der damals noch tierischdumme, sehendblinde, kaum noch aufrechtgehende Kaspar gewiß gehörte. Die Aussetzung Kaspars war zugleich eine durch ihre *Lebensgefährlichkeit* ausgezeichnete Aussetzung. Dieser Mensch war, bei seinem damaligen geistigen und leiblichen Zustande, in Gefahr, entweder in die dem Orte der Aussetzung nahe Pegnitz zu stürzen oder überritten und überfahren zu werden.

Wäre dem gemeinen Recht oder dem bayerischen Strafgesetzbuche ein besonderes *Verbrechen gegen die Geisteskräfte**) oder, wie es richtiger zu bezeichnen wäre, ein *Verbrechen am Seelenleben* bekannt, so würde dieses in der rechtlichen Beurteilung neben dem Verbrechen der Gefangenhaltung den ersten Rang einnehmen, vielmehr jenes in diesem, als dem schwereren, untergehen (von demselben absorbiert werden) müssen. Die Entziehung äußerer Freiheit, wiewohl an sich schon ein unersetzliches Übel, steht gleichwohl in keinem Vergleich mit der nicht zu berechnenden Summe unschätzbarer, unersetzlicher Güter, welche in jenem Raub an der Freiheit und durch die Art und Weise seiner Vollziehung dem Unglücklichen teils gänzlich entzogen, teils für seine noch übrige Lebenszeit zerstört oder verkümmert worden sind und wodurch nicht bloß an dem Menschen in seiner äußern

*) Siehe Abegg, Untersuchungen aus dem Gebiete der Strafrechtswissenschaft, Abteilung III.

leiblichen Erscheinung, sondern an seinem innersten Wesen, an seinem geistigen Dasein, an dem Heiligtum seiner vernünftigen Natur selbst der raubmörderische Frevel vollbracht worden ist. Wenn unsere Schriftsteller solche Missetaten bloß als *Verstandesberaubung* (noochiria) bezeichnen und, wie *Tittmann**), zu dessen Tatbestand *«Bewirkung der Verstandlosigkeit oder des Wahnsinns»* als wesentliche Bedingung fordern, so zeigt das Beispiel Kaspar Hausers, daß jener Begriff bei weitem zu beschränkt gefaßt sei und ein Gesetzgeber, welcher durch Aufstellung einer solchen Gattung von Verbrechen sein System vervollständigen zu müssen glaubte, einen bei weitem höheren, freieren Standpunkt würde zu nehmen haben. *Kaspar* ist durch die während seiner Kindheit erlittene Einsperrung weder in Blödsinn, noch in Wahnsinn verfallen; er ist, wie wir in der Folge genauer erfahren werden, nach seiner Befreiung aus dem Zustande der Tierheit herausgetreten und hat sich so weit entwickelt, daß er, mit gewissen Einschränkungen, als ein vernünftiger, verständiger, sittlicher und gesitteter Mensch überall gelten kann. Gleichwohl wird niemand verkennen, daß es hauptsächlich der verbrecherische Eingriff in das Seelenleben dieses Menschen, der Frevel an seiner höhern geistigen Natur ist, welcher die empörendste Seite der an ihm verübten Handlung ausmacht. Das Unternehmen, einen Menschen durch künstliche Veranstaltung von der Natur und andern vernünftigen Wesen auszuschließen, ihn seiner menschlichen Bestimmung zu entrücken, ihm alle die geistigen Nahrungsstoffe zu entziehen, welche die Natur der menschlichen Seele zu ihrem Wachsen und Gedeihen, zu ihrer Erziehung, Entwickelung und Bildung angewiesen hat – solches Unternehmen ist, ohne alle Rücksicht auf seine Folgen, an und für sich schon der strafwürdigste Eingriff in des Menschen heiligstes, eigenstes Eigentum, in die Freiheit und Bestimmung seiner Seele. Hiezu aber kommt vor allem noch

*) Handbuch der Strafrechtswissenschaft, Teil I. § 179 ff.

dieses. Kaspar, während seiner Jugendzeit in tierischen Seelenschlaf versenkt, hat diesen ganzen großen und schönen Teil seines Lebens *ver*lebt, ohne ihn *ge*lebt zu haben. Er war während dieser Zeit einem Toten zu vergleichen; indem er seine Jugend verschlief, ist sie ihm vorübergegangen, ohne daß er sie gehabt hätte, weil er sich ihrer nicht bewußt werden konnte. Diese Lücke, welche die an ihm begangene Missetat in sein Leben gerissen, ist durch nichts mehr auszufüllen, die nicht verlebte Zeit nicht mehr zurückzuleben, die während seines Seelenschlafs ihm entflohene Jugend nicht mehr einzuholen. Wie lang er auch leben möge, er bleibt ewig ein Mensch ohne Kindheit und Jugend, ein monströses Wesen, das naturwidrig sein Leben erst in der Mitte des Lebens angefangen hat. Sofern ihm auf diese Weise seine ganze frühere Jugendzeit genommen worden, war er der Gegenstand eines – um mich so auszudrücken – partiellen Seelenmords. Die an Kaspar verübte Tat unterscheidet sich daher von dem Verbrechen desjenigen, der einen an Verstand gesunden Menschen erst späterhin in dumpfen Blödsinn oder sonst in bewußt- und vernunftlosen Zustand versetzt, bloß hinsichtlich der verschiedenen Lebens-Epoche, welche vom Seelenmorde betroffen wird; dort wurde ein menschliches Seelenleben an seinem Anfang, hier an seinem Ende verstümmelt. Ein nicht zu übersehendes Hauptmoment ist auch noch dieses: Da Kindheit und Jugend von der Natur zur Entwickelung und Ausbildung wie des leiblichen so des geistigen Lebens bestimmt sind und die Natur keine Sprünge macht, so sind Kasparn, der erst im Jünglingsalter als Kind zur Welt gekommen ist, jetzt und für alle Zukunft die verschiedenen Lebensstufen gleichsam verrückt, aus- und durcheinander geschoben. Indem er sein Kinderleben erst im Alter der physischen Reife beginnen konnte, bleibt er, sein ganzes Leben lang, mit dem Geiste hinter seinem Alter zurück, mit dem Alter seinem Geiste voraus. Geistiges und physisches Leben, welche, bei naturgemäßem Entwickelungsgange, miteinander gleichen Schritt halten, haben sich auf diese Weise in Kaspars Person gleichsam voneinander losgerissen und in naturwidrigen Gegensatz gestellt. Die verschlafene Kindheit konnte darum, weil sie verschlafen worden, nicht *überlebt* werden; er muß sie *nach*leben, und sie wird ihm nunmehr zur Unzeit, eben darum aber auch nicht als lächelnder Genius, sondern wie ein beängstigendes Gespenst bis in die späteren Jahre folgen. Wägt man zu allem diesem noch die Verwüstung ab, welche das Schicksal seiner Jugend in seinem *Gemüte* angerichtet hat und welche erst der Verfolg dieser Erzählung klar vor Augen stellen wird, dann wird man an diesem Beispiele erkennen, daß die *Verstandesberaubung* den Begriff von Verbrechen am Seelenleben bei weitem nicht erschöpft.

Welche andere Verbrechen allenfalls noch hinter der an Kaspar verübten Missetat versteckt sein mögen, auf welche Zwecke die verborgene Gefangenhaltung Hausers berechnet gewesen, diese Fragen würden uns zu weit in das luftige Gebiet der Vermutungen oder in gewisse geheiligte Räume führen, welche eine solche Beleuchtung nicht vertragen.

Dieses in der Geschichte menschlicher Greueltaten kaum noch erhörte Verbrechen bietet dem Rechtsgelehrten, wie dem gerichtlichen Arzt, auch noch folgende merkwürdige Seite dar. Die Erforschung und Beurteilung von Seelenzuständen hat gewöhnlich nur den Verbrecher selbst zum Gegenstande, bezüglich der Aufgaben über Zurechnungsfähigkeit oder Nichtzurechnungsfähigkeit seiner Handlungen. Hier ist der in seiner Art ganz einzige Fall gegeben, daß, zum allergrößten Teil, *der Tatbestand des Verbrechens in dem Grund einer Menschenseele ruht,* wo derselbe auf rein psychischem Wege zu erforschen und nur durch Beobachtung der Geistes- und Gemütsäußerungen des Beschädigten zu begründen und festzustellen ist.

Auch über die Geschichte der Tat haben wir vor der Hand keine andere Kunde als die Erzählung desjenigen, an dem sie begangen worden; aber die Wahrheit der Erzählung ist uns verbürgt durch die Persönlichkeit des Erzählenden, an dessen Leib, Geist und Gemüt – wie wir noch umständlicher erfahren werden – die Tat selbst in sichtbaren Zügen deutlich geschrieben steht. Nur wer das erfahren und gelitten, was Kaspar, kann wie Kaspar sein; und wer so sich zeigt wie Kaspar, muß in dem Zustande gelebt haben, wie ihn Kaspar von sich erzählt hat. So ruht zugleich die Würdigung der Glaubwürdigkeit des eine fast unglaubliche Begebenheit Erzählenden ebenfalls zum allergrößten Teil nur auf psychologischem Grunde. Es gewähren aber die auf diesem Boden gefundenen Ergebnisse eine Beglaubigung, die jeden andern Beweis an Stärke überwiegt. Zeugen können lügen, Urkunden verfälscht sein; aber kein anderer Mensch, er müßte denn mindestens ein mit etwas Allmacht und Allwissenheit ausgerüsteter Zauberer sein, vermöchte eine Lüge dieser Art so zu lügen, daß sie, wo man sie auch beleuchtete, wie die lauterste reinste Wahrheit, wie die in Person erscheinende Wahrheit selbst aussähe. Wer an Kaspars Erzählung zweifelte, müßte an Kaspars Person zweifeln. Solch ein Zweifler würde dann aber mit ebenso viel Vernunft zweifeln dürfen, ob ein Mensch, der aus hundert Wunden blutend in Todeszuckungen vor seinen Augen liegt, ein wirklich Verwundeter und Sterbender sei oder ob er nicht vielmehr den Verwundeten und Sterbenden nur spiele. – Doch dem Urteile der Leser ziemt es sich noch nicht vorzugreifen. Meine Darstellung der Person Kaspars hat erst begonnen.

V.

Schon war Kaspar Hauser weit über einen Monat zu Nürnberg, als ich unter den neuesten Neuigkeiten von diesem Findling erzählen hörte. Amtliche Anzeigen über dieses Ereignis waren den obersten Behörden der Provinz noch nicht zugekommen. Bloß als Privatmann, aus menschlichem und wissenschaftlichem Interesse, begab ich mich daher am 11. Juli (1828) nach Nürnberg, um diese in ihrer Art einzige Erscheinung zu beobachten.

Kaspar hatte damals noch immer seine Wohnung auf dem Luginsland am Vestner Tore, wo jedermann zu ihm gelassen wurde, der ihn zu besehen Lust hatte. – Wirklich genoß Kaspar vom Morgen bis zum Abend kaum eines geringeren Zuspruchs als das Känguruh und die zahme Hyäne in der berühmten Menagerie des Herrn von Aken.

So machte ich mich denn, in Begleitung des Herrn Obristen von D., zweier Damen und zweier Kinder, ebenfalls zu ihm auf den Weg und traf glücklicherweise eine Stunde, wo der Schauplatz keinen andern Zuspruch hatte.

Kaspars Wohnung war ein kleines, doch reinliches helles Stübchen, dessen Fenster ins Freie geht, wo sich dem Aug eine weite freundliche Landschaft darbietet. Wir trafen ihn barfuß, mit ein Paar alten langen Beinkleidern bekleidet, übrigens bloß im Hemde.

Die Wände des Zimmers, so weit man reichen konnte, hatte sich Kaspar mit gemalten Bilderbogen – Geschenke der vielen Besuchenden – ausgeschmückt. Er klebte sie jeden Morgen von neuem mit seinem *damals wie Leim zähen Speichel**) an die Wand und nahm sie, sobald es dämmerig wurde, wieder herab, um sie neben sich zusammenzulegen. Auf der an den Wänden umherlaufenden, festgemachten Bank befand sich in der Ecke sein Bett – ein Strohsack mit einem Kopfkissen und einer wollenen Decke. – Der ganze übrige Raum der Bank war dicht mit einer Menge des mannigfaltigsten Kinderspielzeugs, mit Hunderten bleierner Soldaten, mit hölzernen Hündchen, Pferdchen und andern Nürnberger Waren überdeckt. Bei Tag beschäftigte er sich jetzt schon wenig damit; doch machte er sich noch die nicht geringe Arbeit,

*) Der Speichel war so sehr leimartig, daß beim Wegnehmen der Blätter entweder Stückchen von diesen an der Wand oder Teile vom Bewurf der Wand an dem Papier hängen blieben.

alle diese Sachen und Sächelchen abends sorgfältig zusammenzulegen, dann, sogleich nach seinem Erwachen, wieder auszupacken und in eine gewisse Ordnung nebeneinander zu reihen. Der Wohltätigkeitssinn der wackern Nürnberger hatte ihn überdies mit mehreren Kleidungsstücken beschenkt, die er unter seinem Kopfkissen verwahrte und uns mit kindischem Behagen, nicht ohne einige Eitelkeit, vorzeigte. Auf der Bank, unter den Spielsachen, lagen auch verschiedene Geldstücke umher, denen er aber keine Aufmerksamkeit schenkte. Ich nahm davon einen beschmutzten Kronentaler und einen noch ganz neuen Vierundzwanziger in die Hand, ihm andeutend, welches von beiden Stücken er am liebsten habe? Er wählte das kleine, glänzende; das große nannte er garstig und machte dabei die Miene des Widerwillens. Als ich ihm begreiflich zu machen suchte, daß gleichwohl das größere Stück mehr wert sei und daß man dafür bei weitem mehr schöne Sachen bekommen könne als für das kleine, horchte er zwar aufmerksam zu, verfiel auch sogleich in starres Nachdenken, gab mir aber zuletzt zu erkennen, daß er nicht wisse, was ich sagen wolle.

Er zeigte, als wir bei ihm eintraten, nichts weniger als Menschenscheu oder Schüchternheit, vielmehr zutrauliches Entgegenkommen und Freude über unsern Besuch. Am ersten machte er sich mit der glänzenden Uniform des Obristen zu schaffen; den von Gold strahlenden Helm konnte er nicht satt werden zu bewundern; dann zogen die Frauenzimmer mit ihren bunten Kleidern seine Aufmerksamkeit auf sich; ich, in einem bescheidenen schwarzen Frack, wurde anfangs kaum eines Blicks gewürdigt. Jeder von uns stellte sich ihm besonders vor und nannte ihm seinen Namen und Titel. Kaspar trat bei jeder solchen Vorstellung nahe zu dem Vorgestellten hin, sah ihn scharf stierend an, überflog mit schnellem durchdringendem Blick der Reihe nach jeden besondern Teil des Gesichts als Stirn, Augen, Nase, Mund, Kinn und so weiter und faßte ganz zuletzt, wie ich deutlich beobachtete, die erst stückweis zusammengelesenen Teile der Physiognomie in ein Ganzes zusammen. Er wiederholte hierauf den Namen der Person, den man ihm vorgesagt hatte. Und nun kannte er die Person und kannte sie, wie die spätern Erfahrungen zeigten, für immer.

Seine Augen wendete er, so viel er nur konnte, vom hellen Tageslicht ab. Dem vom Fenster her gerade einfallenden Sonnenstrahl wich er auf das sorgfältigste aus. Hatte einmal zufällig ein solcher Strahl seine Augen getroffen, so blinzte er heftig, runzelte die Stirn und verriet unverkennbar Schmerzen; seine Augen waren überdies etwas entzündet und zeigten überhaupt große Empfindlichkeit gegen das Licht.

Die linke Hälfte seines in späterer Zeit vollkommen regelmäßigen Gesichts war damals auffallend von der rechten Seite desselben verschieden. Jene war merklich verzogen und verzerrt; öfters fuhren heftige Zuckungen wie Blitze darüber hin. An diesen Zuckungen nahm stets die linke Seite des ganzen Körpers, besonders der Arm und die Hand, sichtbaren Anteil. Wurde ihm etwas gezeigt, was seine Neugier in Bewegung setzte, sprach man ein ihm auffallendes, nicht verständliches Wort, sogleich stellten sich diese Zuckungen ein, die meistenteils zuletzt in eine Art von Erstarrung übergingen. Er stand dann unbeweglich da, keine Muskel des Gesichts regte sich, die Augen stierten, ohne zu blinzeln, wie leblos vor sich hin; er stellte eine Bildsäule dar, die weder sieht noch hört und durch keine äußern Eindrücke zu einer Lebensregung geweckt werden kann. Diesen Zustand konnte man an ihm beobachten, sooft er über etwas nachsann, sooft er zu einem neuen Wort den entsprechenden Begriff, zu einem neuen Ding das entsprechende Wort suchte oder irgend etwas ihm noch Unbekanntes an schon Bekanntes anzuknüpfen, jenes aus diesem sich begreiflich zu machen bestrebte.

Die Worte, die er sagen konnte, sprach er bestimmt und deutlich, ohne Stocken oder Stammeln. Allein an eine zusammenhängende Rede war bei ihm noch nicht zu denken, und seine Sprache war so dürftig als der Vorrat seiner Begriffe. Schwer war es daher auch, sich ihm verständlich zu machen. Kaum hatte man ein paar Sätze zu ihm gesagt, die er zu verstehen schien, so hatte man etwas ihm Fremdes beigemischt, wobei er dann, wenn er es zu begreifen wünschte, sogleich wieder in seine Zuckungen verfiel. In allem, was er sprach, fehlten noch meistens die Bindewörter, Partikeln und Hilfszeitwörter; seine Konjugation umfaßte wenig mehr als den Infinitiv; und am schlimmsten stand es mit dem Syntax, dessen Teile gar erbärmlich zerzaust und durcheinander geworfen wurden. «Kaspar sehr brav», statt: ich bin sehr brav, «Kaspar scho Juli sage», statt: ich will es dem Julius (Sohn des Gefangenwärters) sagen, war seine durchgängige Redeweise. Das «Ich» kam noch selten vor; er sprach fast immer von sich in der dritten Person: Kaspar, zu andern, statt in der zweiten Person, ebenfalls in der dritten, z.B. statt: Sie, nicht anders als: Herr Obrist, Frau Generalin und so weiter. Auch zu ihm mußte man nicht «Du» sondern «Kaspar» sagen, wenn er sogleich verstehen sollte, wen man meine.*) Ein und dasselbe Wort wurde häufig in den verschiedensten Bedeutungen gebraucht, was dann oft gar manches lächerlich possierliche qui pro quo zum Vorschein brachte. Viele bloß eine Spezies bezeichnende Worte gebrauchte er für die ganze Gattung. So z.B. galt ihm das Wort «Berg» für jede Wölbung oder Erhöhung, weshalb er einen dickbauchigen Herrn, dessen Name ihm entfallen war, als den «Mann mit dem großen Berg» bezeichnete; eine Dame, deren Schal hinten so tief herabhing, daß der Zipfel auf dem Boden schleifte, hieß ihm «die Frau mit dem schönen Schweif». Man wird wohl erwarten, daß ich nicht unterließ, ihm durch mancherlei Fragen zur Erzählung seines Schicksals Veranlassung zu geben. Allein alles, was ich aus ihm herausbringen konnte, war ein so kauderwelsches, verworrenes, unbestimmtes Zeug, daß ich, mit seiner Sprachweise noch nicht vertraut, das meiste nur erraten, vieles gar nicht verstehen konnte.

*) Auch Prof. Daumers Notaten stimmen mit dieser Beobachtung überein.

Es schien mir nicht unwichtig, seinen Geschmack hinsichtlich der verschiedenen *Farben* auf die Probe zu stellen. Er zeigte auch in dieser Beziehung ganz den Sinn der Kinder und der sogenannten Wilden. Die rote Farbe, und zwar die recht schreiend rote, ging ihm über alles; die gelbe war ihm zuwider, außer wenn sie als Gold glänzend in die Augen stach, in welchem Fall seine Wahl zwischen diesem Gelb und jenem Rot schwankte; Weiß ließ ihn gleichgültig; aber Grün war ihm fast so abscheulich als Schwarz. – Dieser Geschmack, besonders seine Vorliebe für das Rote, hing ihm, wie die späteren Beobachtungen des Prof. Daumer bekunden, noch lange nachher an, als seine Bildung schon um eine große Strecke weiter vorgeschritten war. Wäre es ihm freigestellt worden, er würde sich selbst und andere, denen er wohlwollte, von Kopf bis zu Füßen in Scharlach oder Purpur gekleidet haben. An der Natur hatte er, schon wegen der Grundfarbe ihres Gewandes, des Grün, keinen Gefallen. Sollte er sie schön finden, so mußte man sie ihn durch ein rot gefärbtes Glas ansehen lassen. In der Wohnung des Prof. Daumer, die er, bald nach meinem Besuche bei ihm, gegen seinen Aufenthalt auf dem Luginsland vertauschte, gefiel es ihm darum nicht ganz recht, weil er da nur die Aussicht in den Garten, auf die vielen, wie er meinte, garstigen grünen Bäume und Pflanzen hatte. Die in einer engen unfreundlichen Straße gelegene Wohnung eines Freundes seines Lehrers gefiel ihm dagegen ungemein, weil da, gegenüber und ringsherum, lauter schön rot angestrichene Häuser zu sehen waren. Als ihm einst ein Baum voll roter Äpfel gezeigt wurde, äußerte er darüber großes Wohlgefallen; nur, meinte er, würde der Baum noch viel schöner sein, wenn auch die Blätter ebenso rot wären. – Als er, der bloß Wasser trank, einst roten Wein trinken sah, sagte er: Wenn ich nur auch Sachen trinken könnte, die so schön aussehen! – Seinen Lieblingstieren, den Pferden, wünschte er nur noch einen Vorzug: statt der schwarzen, braunen, weißen die scharlachrote Farbe.

Die *Neugier* und der *Wissensdurst* sowie die eiserne Beharrlichkeit, womit er bei einer Sache aushielt, die er zu lernen oder zu begreifen sich vorgesetzt hatte, überstiegen jede Vorstellung und waren in ihren Äußerungen herzergreifend. Mit seinen Spielsachen beschäftigte er sich, wie schon früher bemerkt worden, des Tages über nicht mehr; seine Tagesstunden füllte er mit Schreiben, Zeichnen und andern Lehrgegenständen aus, womit ihn Prof. Daumer beschäftigte. Bitter beklagte er sich gegen uns, daß die vielen Leute, die ihn immer besuchten, ihm keine Ruhe ließen und er nichts lernen könne. Rührend war es, seinen oft wiederkehrenden Jammer darüber zu hören, daß die Leute auf der Welt so vieles wissen und er so vieles noch gar nicht gelernt habe. Eine seiner Lieblingsbeschäftigungen, nächst dem Schreiben, war das Zeichnen, zu welchem er ebenso viel Fähigkeit als Beharrlichkeit mitbrachte. Seit mehren Tagen hatte er sich es zur Aufgabe gemacht, das lithographierte Bildnis des Herrn Bürgermeisters Binder abzuzeichnen. Ein ganzer großer Pack Quartblätter war mit diesen Kopien vollgezeichnet; sie lagen, wie sie allmählich entstanden waren, in langer Reihenfolge geordnet aufeinander. Ich ging sie einzeln durch; die ersten Versuche glichen ganz den Bildern unsrer kleinen Kinder, die ein Gesicht gezeichnet zu haben meinen, wenn sie eine Figur, welche ein Oval vorstellen soll, mit einem Paar rundlicher Schnirkel, nebst einigen langen und Quer-Strichen darin, auf ein Papier hingesudelt haben. Allein fast in jedem der folgenden Versuche waren Fortschritte sichtbar, so daß allmählich jene Striche einem Menschengesicht immer ähnlicher wurden und endlich das Original, obgleich noch ziemlich unvollkommen und roh, bis zur Kenntlichkeit darstellten. Ich äußerte ihm über seine spätesten Versuche meinen Beifall; er aber zeigte sich nicht befriedigt und gab mir zu verstehen, er werde das Bild noch gar vielmal abzeichnen müssen, bis es ganz recht sei; dann werde er es dem Herrn Bürgermeister schenken.

Mit seinem Leben auf der Welt zeigte er sich nichts weniger als zufrieden; er sehnte sich zu dem Mann zurück, bei dem er immer gewesen. Zu Haus (in seinem Loch), äußerte er, habe er niemals so viele Schmerzen im Kopf gehabt, und man habe ihn nicht so gequält wie jetzt auf der Welt. Er deutete damit auf die Unbehaglichkeiten und Schmerzen, welche die vielen, ihm ganz ungewohnten, neuen Eindrücke, die verschiedenen ihm widrigen Gerüche und so weiter verursachten, wie auf die vielen Besuche der Neugierigen, ihr ewiges Fragen und manche ihrer unbesonnenen, nicht eben humanen Experimente. Dem Manne, bei dem er immer gewesen, hat er daher auch weiter nichts vorzuwerfen, als daß er noch nicht gekommen, um ihn wieder nach Haus zu bringen, und daß er von so viel schönen Sachen auf der Welt ihm gar nichts gezeigt, noch gesagt habe. Er will so lange in Nürnberg bleiben, bis er gelernt, was der Herr Bürgermeister und der Herr Professor (Daumer) wissen; dann soll ihn der Herr Bürgermeister nach Haus bringen, und dann will er dem Mann zeigen, was er unterdessen gelernt hat. Als ich ihm hierauf äußerte, wie er doch zu dem bösen abscheulichen Mann wieder zurück möge, fuhr er mich sanft zürnend mit den Worten an: «Mann nit bös, Mann mir nit bös tan.»

Von seinem erstaunenswürdigen, ebenso schnellen als zähen *Gedächtnis* bekamen wir bald die auffallendsten Proben. Bei jedem der vielen kleinen und großen Dinge, bei jedem Bild und Bildchen in seinem Haushalt nannte er uns den Namen und Titel der Person, von der er es zum Geschenk erhalten hatte; und, kamen hierbei verschiedene Personen mit demselben Hauptnamen vor, so unterschied er sie entweder durch ihren Vornamen oder durch andere Prädikate. Ungefähr eine Stunde, nachdem wir ihn verlassen hatten, trafen wir mit ihm auf der Straße zusammen, als er eben zum Herrn Bürgermeister geführt wurde. Wir redeten ihn an, und als wir ihn aufgefordert hatten, uns unsre Namen zu sagen, nannte er jeden von uns, ohne sich zu besinnen oder zu stocken, mit unserm vollen Namen, samt Titulaturen, die gleichwohl für ihn nur barer Unsinn sein konnten. Der Arzt, Dr.

Osterhausen, machte zu einer andern Zeit an ihm die Erfahrung, daß er, nachdem man ihm einen Blumenstrauß gezeigt und die Namen der einzelnen Blumen vorgesagt hatte, er mehrere Tage nachher jede dieser Blumen wieder zu erkennen und mit ihrem Namen zu bezeichnen wußte. Dieses Gedächtnis hat jedoch späterhin und, wie es scheint, in demselben Verhältnis abgenommen, in welchem es reicher geworden war und sein Verstand mehr Arbeit bekommen hatte.

Seine *Folgsamkeit* gegen alle diejenigen Personen, welche väterliche Autorität über ihn erlangt haben, besonders gegen den Herrn Bürgermeister, Herrn Professor Daumer und den Gefangenwärter Hiltel, war unbedingt und ohne Schranken. «Der Herr Bürgermeister, der Herr Professor hat es gesagt», war für ihn der letzte, jedes weitere Fragen und Überlegen ausschließende Grund für sein Handeln oder Unterlassen. Als ich ihn fragte, warum er denn glaube, so pünktlichen Gehorsam leisten zu müssen, gab er zur Antwort: «Der Mann, bei dem ich immer gewesen, hat mich gelehrt, daß ich tun müsse, was man mir heißt.»

Allein diese Unterwerfung unter fremde Autorität bezog sich bei ihm bloß auf Tun oder Nichttun und hatte mit seinem *Wissen, Glauben* und *Meinen* nichts zu schaffen. Um etwas als gewiß und wahr anzunehmen, dazu bedurfte es für ihn der eignen Überzeugung, und zwar entweder durch sinnliche Anschauung oder durch irgend einen, seinen Fassungskräften und seinem fast noch ganz leeren Kopf anpassenden, für ihn schlagenden Grund. Wo man seinem Verstand weder auf diese noch jene Weise beikommen konnte, widersprach er zwar nicht, ließ aber einstweilen die Sache dahingestellt, bis er, wie er zu sagen pflegte, mehr gelernt habe. Ich sprach zu ihm, unter andern, von dem bevorstehenden Winter und sagte, dann werde er oft die Dächer der Häuser und alle Straßen der Stadt ganz weiß sehen, so weiß wie die Wände seines Zimmerchens. Er meinte, dies müsse dann recht schön sein, gab jedoch deutlich zu verstehen, daß er daran nicht eher glaube, als bis er es werde gesehen haben. Als im folgenden Winter der erste Schnee gefallen war, bezeigte er große Freude, daß jetzt die Straßen, die Dächer, die Bäume so gut «angestrichen» seien, und ging schnell in den Hof, um sich von der «weißen Farbe» zu holen, kam aber alsbald weinend und plärrend mit weit auseinander gespreizten Fingern zu seinem Lehrer wieder hinauf, indem er schrie, die weiße Farbe habe ihn in die Hände «gebissen».

Höchst auffallend und ganz unerklärbar bei diesem Menschen war die bis zur Pedanterie getriebene Liebe zur *Ordnung* und *Reinlichkeit.* Von den vielen hundert Dingen seines kleinen Haushalts hatte ein jedes seinen bestimmten Platz, wurde gehörig zusammengepackt, sorgfältig auseinander gelegt, symmetrisch geordnet und so weiter. Unreinlichkeit oder was er dafür hielt, war ihm, an ihm selbst wie an andern, ein Abscheu. Er bemerkte fast jedes Stäubchen auf unsern Kleidern, und als er auf meiner Halskrause einige Körner Schnupftabak sah, machte er mich darauf mit Unwillen aufmerksam, mir hastig andeutend, daß ich diese garstigen Dinge wegwischen möge.

Die merkwürdigste Erfahrung, die aber erst einige Jahre später für mich ihre vollständige Bedeutung erlangte, verschaffte ich mir durch folgende Probe, auf welche ich dadurch geleitet wurde, daß mir, nach einer sehr naheliegenden Ideenverbindung, bei dem aus dunklem Kerker erst im Jünglingsalter zum Tageslicht hervorgekommenen Kaspar der berühmte Blinde des *Cheselden* einfiel, welcher, wenige Wochen nach seiner Geburt erblindet, erst im Jünglingsalter nach glücklich vollbrachter Star-Operation wieder sehend geworden war. Ich befahl Kasparn, nach dem Fenster zu sehen, deutete auf die große, weite Aussicht in die schöne, im Schmuck des Sommers prangende Landschaft und fragte ihn, ob das nicht schön sei, was er da draußen sehe? Er gehorchte, fuhr aber sogleich mit sichtbarem Abscheu wieder zurück, indem er ausrief: Garstig! Garstig! dann auf die weiße Wand seines Zimmerchens deutete und sagte: «Da nicht garstig!» Auf meine weitere

Frage, warum dort garstig, erfolgte nichts weiter, als: «Garstig, garstig!» und so blieb mir denn vor der Hand nichts übrig als mir diesen Umstand wohl zu merken und die weitere Aufklärung von der Zeit zu erwarten, wo Kaspar sich besser werde verständlich machen können. Denn daß sein Wegwenden von jener Gegend nicht bloß aus dem empfindlichen Eindruck des Lichts auf seine Sehnerven zu erklären sei, glaubte ich deutlich wahrzunehmen. Seine Mienen drückten diesmal nicht gerade Schmerz, sondern vielmehr Abscheu und Grauen aus. Auch stand er in einiger Entfernung vom Fenster seitwärts, so daß er zwar die Gegend sehen, aber vom gerade einfallenden Lichtstrahl nicht getroffen werden konnte. Als nun Kaspar im Jahr 1831 einige Wochen lang bei mir als Hausgenosse war, wo ich fortwährend Gelegenheit hatte, ihn aufs genaueste zu beobachten und meine früheren Beobachtungen zu vervollständigen oder zu berichtigen, kam unter andern auch das Obige an die Reihe. Ich fragte ihn, ob er sich noch meines Besuchs bei ihm auf dem Turm und dann besonders des Umstandes erinnere, daß ich ihn gefragt, wie ihm die Gegend da draußen (vor dem Fenster) gefalle. Er habe sich damals mit Abscheu von diesem Anblick weggewendet und immer ausgerufen: Garstig, garstig! Warum habe er das getan? Was sei ihm denn da vorgekommen? – «Ja freilich», antwortete er mir, «war das sehr garstig, was ich damals sah. Wenn ich nach dem Fenster blickte, sah es mir immer so aus, *als wenn ein Laden ganz nahe vor meinen Augen aufgerichtet sei, und auf diesem Laden habe ein Tüncher seine verschiedenen Pinsel mit weiß, blau, grün, gelb, rot, alles bunt durcheinander, ausgespritzt.* Einzelne Dinge darauf, wie ich jetzt die Dinge sehe, konnte ich nicht erkennen und unterscheiden. Das war denn gar abscheulich anzusehen; dabei war es mir ängstlich zu Mut, weil ich glaubte, man habe mir das Fenster mit dem buntscheckigen Laden verschlossen, damit ich nicht ins Freie sehen könne. Daß das, was ich so gesehen, Felder, Berge, Häuser gewesen, daß manches Ding, das mir damals größer vorkam als ein anderes, viel kleiner sei als dieses, manches große viel kleiner, als wie ich es sah, davon habe ich mich erst später auf meinen Spaziergängen ins Freie überzeugt; endlich habe ich dann nichts mehr von dem Laden gesehen.» Auf weitere Befragung bemerkte er, anfangs habe er nicht unterscheiden können, was wirklich rund, dreieckig oder nur rund, dreieckig gemalt gewesen. Die Pferde und Männer auf seinen Bilderbögen seien ihm gerade so vorgekommen wie seine in Holz geschnitzten Pferde und Menschen; jene so rund wie diese oder diese so flach wie jene. Doch habe er beim Ein- und Auspacken seiner Sachen bald einen Unterschied *gefühlt*; dann sei er erst selten, endlich gar nicht mehr in den Fall gekommen, solche Verwechslung zu machen.

Hier haben wir denn nun in Kaspar leibhaft den sehend gewordenen, von Kindheit an Blinden des Cheselden wieder. Hören wir, was *Voltaire**) und *Diderot***), der hier mit *Voltaire* für eine Person gilt, von diesem Blinden erzählen***): «Der junge Mann, dem der geschickte Chirurg Cheselden den Star genommen, wußte lange Zeit weder Größen, noch Entfernungen, noch Lagen, noch sogar Figuren zu unterscheiden. Ein nur einen Zoll großer Gegenstand, den man vor sein Aug hielt und der ihm ein Haus verdeckte, erschien ihm so groß wie das Haus. Alle Gegenstände hatte er auf seinem Auge; sie schienen ihm auf diesem Organ selbst zu haften wie die Gegenstände des Gefühls auf der Haut. Er konnte (mit dem Gesicht) dasjenige, was er mit Hilfe seiner Hände für rund gehalten hatte, von demjenigen nicht unterscheiden, was er als

*) In dessen Philosophie de Newton (Oeuvres complètes. Gotha. 1786. T. XXXI, Seite 118 ff.)

**) Lettre sur les aveugles à l'usage de ceux qui voyent (Londres 1749) Seite 159–164. Diderot hat übrigens die Erzählung Voltaires von Wort zu Wort abgeschrieben.

***) Das Werk des *Cheselden* selbst konnte ich mir nicht verschaffen. Ich benutze übrigens diese Gelegenheit, um Herrn Bibliothekar *von Falkenstein* für die, während meines Aufenthalts zu Dresden, auch bezüglich dieses Gegenstandes erwiesenen Gefälligkeiten öffentlich meinen Dank zu sagen.

eckig gefühlt hatte, noch unterscheiden, ob das, was er als oben oder unten (mit dem Gefühl) wahrgenommen hatte, in der Tat oben oder unten sei. Es gelang ihm endlich, aber mit Mühe, die sinnliche Überzeugung zu gewinnen, daß sein Haus größer sei als sein Zimmer; doch niemals begriff er, wie das Aug ihm diese Vorstellung geben könne. Er bedurfte einer großen Menge von Erfahrungen, um sich zu überzeugen, daß die Malerei feste Körper vorstelle; und als er, durch öfteres Betrachten von Gemälden die Meinung gefaßt hatte, daß das nicht bloß Flächen seien, die er sehe, so befühlte er sie mit der Hand und war dann sehr erstaunt, als er nur einer ebenen Fläche ohne alle Erhabenheit begegnete; dann fragte er, welcher von beiden Sinnen ihn betrüge, das Gefühl oder das Gesicht. Übrigens machten Gemälde auf Wilde, die solche zum erstenmal zu sehen bekamen, denselben Eindruck; sie nahmen die gemalten Figuren für lebende Menschen, stellten Fragen an sie und waren ganz erstaunt, daß sie ihnen keine Antwort gaben: ein Irrtum, an welchem allzu geringe Übung ihrer Sehkraft gewiß am allerwenigsten Schuld hatte.»*) Auch Kinder,

*) On ajoute à ces raisonnements les fameuses expériences de CHESELDEN. Le jeune homme à qui cet habile Chirurgien abbaissa les cataractes, ne distingua de longtemps ni grandeurs, ni distances, ni situations, ni même figures. Un objet d'un pouce mis devant son oeil, et qui lui cachait une maison, lui parassait aussi grand que la maison. Il avait tous les objets sur les yeux, et ils lui semblaient appliqués à cet organe, comme les objets du tact le sont à la peau. Il ne pouvait distinguer ce qu'il avait jugé rond à l'aide de ses mains, d'avec ce qu'il avait jugé angulaire; ni discerner avec les yeux, si ce qu'il avait senti être en haut ou en bas, était en effet en haut ou en bas. Il parvint, mais ce ne fut pas sans peine, à apercevoir que sa maison était plus grande que sa chambre, mais nullement à concevoir comment l'oeil pouvait lui donner cette idée. Il lui fallut un grand nombre d'expériences réiterées, pour s'assurer que la peinture représentait des corps solides; et quand il se fut bien convaincu, à force de regarder des tableaux, que ce n'étaient point des surfaces seulement qu'il voyait, il y porta la main, et fut bien étonné de ne rencontrer qu'un plan uni et sans aucune saillie: il demanda alors quel était le trompeur du sens du toucher ou du sens de la vue. Au reste la peinture fit le même effet sur les sauvages, la première fois qu'ils en virent: ils prirent des figures peintes pour des hommes vivant, les interrogèrent, et furent tout surpris de n'en recevoir aucune réponse: cet erreur ne venait certainement pas en eux du peu d'habitude de voir.

in den ersten Wochen und Monaten nach ihrer Geburt, sehen alles gleich nahe, greifen nach dem glänzenden Knopf des fernen Kirchturms, wissen das wirklich Große und Kleine von dem scheinbar Kleinen und Großen, gemalte von wirklichen Dingen nicht zu unterscheiden, weil – bei Gegenständen des Gesichts und des Gefühls beide Sinne einander gegenseitig zu Hilfe kommen müssen, wenn das betastete oder mit dem Aug gefaßte Ding für das, was es wirklich ist, erkannt werden soll. Es beruht diese Erfahrung auf dem Elementargesetz alles Sehens, worüber sich der große Engländer *Berkeley**) folgendermaßen ausdrückt: «Es ist, wie ich glaube, allgemein zugestanden, daß *Entfernung*, für sich allein und *unmittelbar* durch das *Gesicht* nicht wahrgenommen werden kann. Denn da die Entfernung eine Linie ist, welche gerade zum Auge geht, so wirft sie bloß einen Punkt in den Grund des Auges. Dieser Punkt bleibt unveränderlich derselbe, die Entfernung sei länger oder kürzer. Auch ist es anerkannt, daß, wenn wir die Größe des Abstandes beträchtlich entfernter Gegenstände voneinander schätzen, dieses mehr ein Akt eines auf *Erfahrung* gegründeten *Urteils* als des bloßen *Sinnes* ist. Zum Beispiel: Ich sehe eine große Menge von Gegenständen, Häuser, Feld, Flüsse und dergleichen hintereinander liegen, von welchen ich die Erfahrung habe, daß sie einen beträchtlichen Raum einnehmen, so schließe

*) It is, I think, agreed by all that *distance* of itself, and immediately cannot be seen. For *distance* being a line directed end - wise to the eye, it projects only one point in the fund of the eye. Which point remains invariably the same, whether the distance be longer or shorter. – I find it also acknowledged, that the stimate we make of the distance of *objects* considerably remote, is rather an act of judgment grounded on *experience*, than of sense. For example: When I receive a great number of intermediate *objects*, such as houses, field, rivers, and the like, which I have experienced to take up a considerable space; I thence form a judgment or conclusion, that the *object* I see beyond them is at a great distance. Again, when an *object* appears faint and small, which at a near distance I have experienced to make a vigorous and large appearance; I instantly conclude it to be far off. And this, it is evident, is the result of *experience;* without which, from the faintness and littleness, I should not have inferred any thing concerning the distance of *objects*.

ich daraus, daß der Gegenstand, den ich hinter diesem andern sehe, in einer großen Entfernung steht. Hingegen wenn mir ein Gegenstand matt und klein erscheint, den ich einmal in der Nähe lebhaft und groß gesehen habe, so urteile ich sogleich, daß er fern ist. Dieses ist nun offenbar Ergebnis der *Erfahrung*, ohne welche ich, aus der Mattheit und Kleinheit, nichts über die Entfernung der Gegenstände hätte urteilen können.»

Die Anwendung dieses optischen Gesetzes und jener Erfahrungen auf die Sinnentäuschung Kaspars macht sich ganz von selbst. Da Kaspar noch nicht weiter gegangen war als vom Turm zum Herrn Bürgermeister und allenfalls noch durch eine oder die andere Straße; da er, in Folge seiner reizbaren Augen, wie aus Furcht zu fallen, im Gehen stets auf seine Füße sah und aus Lichtscheu immer vermied, in das offene Lichtmeer hinauszublikken, so hatte er lange Zeit keine Gelegenheit, über die Perspektive und die Entfernung der Gegenstände Erfahrung zu machen. Alle die mancherlei Dinge der weiten Gegend, samt einem ziemlich schmalen Streifen des blauen Himmels, die den Raum des Fensters von dem untern Teil des Rahmens bis oben hinauf ausfüllten, mußten ihm daher als gleich nahe, neben- und übereinander liegende gestaltlose Erscheinungen, mithin das Ganze als eine das Fenster bedeckende, aufrecht stehende Tafel erscheinen, auf welcher die, für ihn nicht unterscheidbaren, kleineren und größeren, verschieden gefärbten Gegenstände nur wie unförmliche bunte Kleckse sich ausnehmen konnten.

VI.

Brachte der fast ununterbrochene Umgang mit den vielen, die sich den ganzen Tag über zu Kaspar hindrängten, den nicht zu verkennenden Gewinn, daß er auf kurzem Weg mit vielerlei Dingen und Worten bekannt wurde und bald im Verstehen und Sprechen verhältnismäßig Fortschritte machte, so war doch offenbar das Allerlei von Menschen, deren Massen Kaspar Hauser preisgegeben war, nicht wohl geeignet, eine naturgemäße Entwickelung dieses verwahrlosten Jünglings zu fördern. Wohl mochte keine Stunde des Tags vergehen, die ihm nicht von dieser oder jener Seite her etwas Neues zugeführt hätte. Was ihm aber auf diese Weise zukam, konnte doch nicht zum kleinsten Ganzen sich gestalten; alles zusammengenommen häufte sich nur als ein ungeordnetes, zerstreutes, buntes Allerlei von hundert und tausend Halb- und Viertels-Vorstellungen und Gedanken-Bruchstücken auf- und nebeneinander. Wurde so die leere Tafel seiner Seele bald genug beschrieben, so wurde sie doch auch zugleich nur zu bald mit zum Teil sogar nichtswürdigen Dingen überfüllt, entstellt und verwirrt. Der ungewohnte Eindruck des Lichts und der freien Luft; das befremdende, meistens auch schmerzerregende Mancherlei, welches unaufhörlich, zu gleicher Zeit, auf alle seine Sinne einströmte; die Kraftanstrengung, womit seine wissensdurstige Seele sich aus sich selbst gleichsam herauszuarbeiten strebte, alles Neue, was sich ihr bot, – alles aber war ihr neu – zu erfassen, zu umklammern und heißhungrig gleichsam in sich hineinzuschlingen sich abarbeitete: dieses alles war mehr, als ein schwächlicher Körper und ein zartes, beständig gereiztes und überreiztes Nervensystem ertragen konnte. Ich brachte von meinem Besuch bei Kaspar am 11. Juli die Überzeugung mit mir zurück, welche ich auch am gehörigen Ort geltend zu machen suchte, daß Kaspar Hauser entweder an einem Nervenfieber sterben oder in Wahnsinn oder Blödsinn untergehen müsse, wenn nicht bald seine Lage geändert werde. Nach wenigen Tagen gingen meine Besorgnisse zum großen Teil in Erfüllung. Kaspar wurde krank, wenigstens so kränklich, daß eine gefährliche Krankheit zu befürchten stand. Sein Arzt, Dr. Osterhausen, äußert sich in seinem deshalb dem Stadtmagistrat erstatteten berichtlichen Gutachten über Hausers damaligen Gesundheitszustand wie folgt:

«Die mannigfaltigen Eindrücke, welche den bisher in einem Kerker lebendig begrabenen, von aller Welt abgeschiedenen, sich selbst überlassenen Kaspar Hauser ringsum bestürmten, als er mit einem Male in die Welt und unter die Menschen hineingeworfen wurde, und welche nicht einzeln, sondern in Masse auf ihn einwirkten, die verschiedenartigsten Eindrücke der freien Luft, des Lichts, der ihn umgebenden Gegenstände, die ihm alle neu waren, dann das Erwachen seines geistigen Ichs, seine aufgeregte Lern- und Wißbegierde, seine veränderte Lebensweise und so weiter, alle diese Eindrücke mußten ihn notwendig gewaltsam erschüttern und endlich, zumal bei seinem so sehr empfindlichen Nervensystem, seiner Gesundheit nachteilig werden. – Ich fand ihn, als ich ihn wieder sah, ganz verändert. Er war traurig, sehr niedergeschlagen und ermattet. Die Reizbarkeit seiner Nerven war krankhaft erhöht. Seine Gesichtsmuskeln zuckten beständig. Seine Hände zitterten so sehr, daß er kaum etwas halten konnte. Seine Augen waren entzündet, konnten das Licht nicht vertragen und schmerzten ihn bedeutend, wenn er lesen oder einen Gegenstand aufmerksam betrachten wollte. Sein Gehör war so empfindlich, daß schon jedes laute Sprechen ihm heftige Schmerzen verursachte und er daher die Musik, die er so leidenschaftlich liebte, nicht mehr hören konnte. Er hatte Mangel an Eßlust, mangelhaften, erschwerten Stuhlgang, klagte über Beschwerden im Unterleibe und fühlte sich durchaus unbehaglich. – Ich war nicht wenig wegen seines Zustandes besorgt, da es nicht möglich war, ihm mit Arzneien beizukommen; teils weil er einen unbezwingbaren Abscheu vor allem, Wasser und Brot ausgenommen, hatte, teils weil, wenn er auch welche hätte nehmen können, zu befürchten war, es möchte selbst das indifferenteste Mittel zu heftig auf seine so sehr gereizten Nerven einwirken» und so weiter.

Kaspar Hauser wurde am 18. Juli aus seiner Wohnung auf dem Turm erlöst und dem an Geist und Herz gleich vorzüglichen Gymnasial-Professor, Herrn Daumer, der sich bisher schon der Unterweisung und Bildung dieses Menschen väterlich angenommen hatte, zur Erziehung und häuslichen Pflege übergeben. Er fand in der Familie dieses Mannes – einer würdigen Mutter und der Schwester seines Erziehers – gewissermaßen den Ersatz für diejenigen Wesen, die ihm die Natur gegeben und Menschenbosheit genommen hatte.

Auf den großen Andrang der Neugierigen, denen Kaspar Hauser bisher im Turm preisgegeben war, mag man aus dem einzigen Umstand den Schluß ziehen, daß der Magistrat zu Nürnberg, sobald Kaspar dem Professor Daumer übergeben war, sich veranlaßt sah, am 19. Juli in öffentlichen Blättern folgendes Publikandum zu erlassen:

> «Vom Magistrat der Stadt Nürnberg ist der heimatlose Kaspar Hauser zur gehörigen Entwickelung seiner körperlichen und geistigen Kräfte einem besondern, hiezu geeigneten Lehrer übergeben worden. Damit aber beide hierin keine Störung erleiden und dem Kaspar Hauser die ihm in jeder Beziehung höchst nötige Ruhe zuteil und erhalten werde, ist der Erzieher angewiesen worden, keine Besuche bei Hauser mehr zuzulassen, und das gesamte Publikum wird daher hiermit ebenfalls angewiesen, sich derselben gänzlich zu enthalten und sich dadurch der Wegweisung zu überheben, welche im Falle der Zudringlichkeit mit polizeilicher Hilfe erfolgen müßte.» *)

*) Diese Bekanntmachung hatte gleichwohl nicht die gewünschte vollständige Wirkung. Wie nicht leicht ein Fremder nach Nürnberg kommt, ohne sich das Sebaldus-Grab, die Glasmalereien der Lorenz-Kirche, das Gänsemännchen und so weiter zeigen zu lassen, so glaubte jetzt niemand, Nürnberg recht gesehen zu haben, wenn er nicht auch das geheimnisvolle Adoptiv-Kind dieser Stadt in Augenschein genommen habe. – Seit Kaspars Aufenthalt zu Nürnberg bis jetzt, wo

Kaspar Hauser bekam zuerst bei Professor Daumer, statt seines Strohlagers auf dem Turm, zur Schlafstätte ein ordentliches Bett, was ihm ganz außerordentlich behagte. Öfters äußerte er, das Bett sei das einzige Angenehme, das ihm noch auf dieser Welt vorgekommen; alles übrige sei gar schlecht. – Erst seit er in einem Bette schlief, hatte er Träume, die er aber anfangs nicht für Träume erkannte, sondern beim Erwachen seinem Lehrer als wirkliche Begegnisse erzählte, indem er zwischen Wachen und Träumen erst später einen Unterschied zu machen lernte*).

Eine der schwersten Aufgaben war es, ihn an ordentliche Kost zu gewöhnen, was nur langsam und mit vieler Mühe und Vorsicht gelang**). Am frühesten verstand er sich zur Wassersuppe, die ihm täglich mehr behagte, weshalb er meinte, sie werde täglich besser zubereitet, und zuweilen fragte, warum man sie ihm denn nicht gleich anfangs so gut gemacht habe. Auch Mehlspeisen, Hülsenfrüchte und was sonst mit dem Brot Ähnlichkeit hat, sagte ihm zu. Indem man ihm erst einzelne Tropfen Fleischbrühe unter seine Wassersuppe mischte, dann wenige, stark ausgekochte Fleischfasern ihn zu seinem Brot essen ließ und diese Gaben mit Vorsicht nach und nach steigerte, gewöhnte man ihn allmählich an Fleischspeisen. Professor Daumer macht in seinen über Kaspar Hauser gesammelten Notizen die Bemerkung, nachdem dieser zuletzt ordentlich Fleisch essen gelernt, habe sich seine geistige Regsamkeit vermindert, die Augen hätten ihren Glanz und Aus-

ich dieses schreibe, haben viele hundert Personen fast aller europäischen Nationen von allen Ständen, Gelehrte, Künstler, Staatsmänner, Beamte aller Gattungen, hohe und höchste Personen, ihn gesehen und gesprochen.

*) Der Psycholog, besonders unser geistreicher *Schubert,* wird diese Umstände nicht unbeachtet lassen und in ihnen ein frappantes Zeugnis für Kaspars damaligen Seelenzustand erkennen.

**) Ehe er warme Speisen vertragen konnte, hatte er beständig Durst und trank täglich 10 bis 12 Maß kalten Wassers. Aber auch noch jetzt ist er ein gewaltiger Wassertrinker, so daß unser berühmter Wasserdoktor, Prof. Oertel, ihn einem jeden zum Muster vorstellen könnte.

druck eingebüßt, sein lebendiger Trieb nach Tätigkeit habe nachgelassen, und das Intensive seines Wesens sei in Zerstreuungssucht und Gleichgültigkeit übergegangen; auch habe seine Fassungskraft bedeutend abgenommen. Ob dieses gerade Folge der Fleischspeisen oder nicht vielmehr Folge der nun in Abstumpfung übergehenden schmerzhaften Überreizung gewesen, bleibt wohl mit Recht unentschieden. Mit mehr Zuverlässigkeit ist hingegen anzunehmen, daß der Genuß warmer Kost und einiger Fleischspeisen auf sein Wachstum bedeutenden Einfluß haben mußte; im Daumerschen Hause wurde er in wenigen Wochen um mehr als zwei Zolle größer.

Da seine entzündeten Augen und sein mit jeder Anstrengung des Gesichts verbundenes Kopfweh ihm das Lesen, Schreiben, Zeichnen unmöglich machten, beschäftigte ihn Herr Daumer mit Papparbeiten, worin er sehr bald nicht geringe Geschicklichkeit erlangte; auch lehrte er ihn das Schachspiel, das er ebenfalls bald erlernte und mit Vergnügen übte. Außerdem beschäftigte man ihn mit leichten Gartenarbeiten und machte ihn mit den verschiedenen Erzeugnissen, Erscheinungen und Kräften der Natur bekannt, wo dann kein Tag verging, der ihn nicht unzählig Neues gelehrt oder ihm Gegenstände des Befremdens, der Bewunderung, des Erstaunens zugeführt hätte.

Nicht geringe Mühe und häufige Zurechtweisungen kostete es, ihm den Unterschied zwischen dem Organischen und Unorganischen, dem Lebenden und Toten sowie zwischen freiwilliger und von außen mitgeteilter Bewegung begreiflich und geläufig zu machen. Vieles was eine Menschen- oder Tiergestalt hatte, mochte es aus Stein gehauen, aus Holz geschnitzt oder gemalt sein, hielt er noch immer für beseelt und mit allen den Eigenschaften begabt, die er an sich selbst oder andern beseelten Wesen wahrnahm. Bei den an den Häusern der Stadt gemalten oder ausgehauenen Pferden, Einhörnern, Straußen und so weiter kam es ihm sehr verwunderlich vor, daß sie immer an einer Stelle blieben und nicht davonliefen. – Gegen eine Statue in dem Hausgarten äußerte er seinen Unwillen, daß sie so schmutzig aussehe und sich doch nicht wasche. Als er zum erstenmal das große Kruzifix des Veit Stoß an der Außenseite der Sebalduskirche sah, erregte ihm dieser Anblick Entsetzen und Jammer; er bat flehentlich, man möge den gequälten Menschen da droben herunternehmen, und wollte sich lange nicht zufrieden geben, obgleich man ihm zu erklären versucht hatte, daß dieses kein wirklicher Mensch, sondern nur ein Bild sei und nichts empfinde. – Jede Bewegung, die er an was immer für einem Gegenstande wahrnahm, hielt er für freiwillig und das Ding, woran sie sich äußerte, für belebt. Ein Blatt Papier, das der Wind herabwehte, war vom Tisch hinweggelaufen; ein von einer Anhöhe herabrollendes Kinderwägelchen machte sich das Vergnügen, sich selbst von der Höhe herabzufahren. Der Baum bekundete ihm Leben, indem er seine Zweige und Blätter bewegte und sprach, wenn der Wind durch seine Blätter rauschte. – Einem Knaben, der mit einem Stecken auf den Stamm eines Baumes schlug, bezeigte er seinen Unwillen darüber, daß er dem Baum so wehe tue. – Die Kugeln einer Kegelbahn liefen, nach seinen Äußerungen zu schließen, freiwillig, taten andern Kugeln wehe und waren, wenn sie endlich still standen, vom Laufe müde. Professor Daumer bemühte sich eine Weile vergebens, ihm die Überzeugung beizubringen, daß eine Kugel sich nicht freiwillig bewege. Es gelang ihm dieses erst dadurch, daß er Kasparn selbst aus seinem Brot eine Kugel formen und ihn dieselbe dann vor sich herrollen ließ. – Daß ein Brummkreisel, den er schon eine Weile hatte tanzen lassen, nicht freiwillig sich bewege, wurde ihm erst klar, als ihm, vom öftern Aufziehen der Schnur, der Arm wehe tat und er sich dadurch seiner eignen Kraft, die er bei jener Kreiselbewegung verwendet hatte, fühlbar bewußt wurde.

Vollends den Tieren legte er längere Zeit dieselben Eigenschaften wie den Menschen bei und schien sie von diesen nur durch ihre Gestalt zu unterscheiden. Er ärgerte sich darüber, daß die Katze bloß mit dem Mund esse, ohne dabei ihre Hände zu gebrauchen. Er wollte sie dann das Essen mit den Pfoten lehren, versuchte sie aufrecht gehen zu machen, sprach mit ihr wie mit seinesgleichen und bezeigte Unwillen, daß sie gar nicht darauf achte und nichts lernen wolle. Dagegen lobte er gar sehr die Folgsamkeit eines Hundes. – Als er eine graue Katze sah, fragte er, warum sie sich nicht wasche, damit sie weiß werde. – Da er Ochsen auf dem Straßenpflaster gelagert sah, verwunderte er sich, daß sie nicht nach Hause gingen und sich da niederlegten. – Ganz zuwider war es ihm, daß die Pferde, Ochsen und so weiter die Straße verunreinigten und nicht, wie er, auf den Abtritt gingen. Sagte man ihm bei diesem oder jenem, was er von den Tieren verlangte, sie könnten dieses nicht, so war er gleich mit der Antwort bei der Hand, sie möchten es dann nur lernen; er habe ja auch schon vieles gelernt und müsse noch immer vieles lernen.

Vom Entstehen und Wachsen des Organischen in der Natur hatte er anfangs noch weniger eine Vorstellung. Er äußerte sich immer so, als wären alle Bäume in den Boden hineingesteckt, alle Blätter, Blumen und Blüten von Menschen-Händen gemacht und daran gehängt. Den ersten Stoff zu einer Vorstellung vom Entstehen der Pflanzen gewann er, nachdem er auf Geheiß seines Lehrers mit eigener Hand einige Bohnen in einen Blumentopf gesteckt hatte und er diese nun, gleichsam unter seinen Augen, keimen und Blätter treiben gesehen hatte. – Überhaupt pflegte er fast bei jedem ihm neuen und auffallenden Naturgegenstande zu fragen, wer dieses Ding gemacht habe.

Für die Schönheiten der Natur hatte er fast gar keinen Sinn. Die Natur schien ihn nur insoweit anzusprechen, als sie seine Neugier beschäftigte und ihm zu der Frage Anlaß gab, wer dieses oder jenes Ding gemacht habe. – Als er zum erstenmal einen Regenbogen sah, bezeigte er zwar daran in den ersten Augenblicken sein Wohlgefallen, wendete sich aber doch kurz darauf wieder von diesem Anblick ab, indem die Frage, wer dieses Ding gemacht habe, ihm weit mehr als die Herrlichkeit der Erscheinung selbst am Herzen lag.

Ein Anblick machte jedoch hievon eine merkwürdige Ausnahme und wurde ein großes ihm unvergeßliches Ereignis seines mehr und mehr sich entfaltenden geistigen Lebens. Es war im Monat August (1829), als ihm an einem schönen heitern Sommerabend sein Lehrer zum erstenmal den gestirnten Himmel zeigte. Sein Erstaunen und Entzücken überstieg jede mögliche Schilderung. Er konnte sich nicht satt daran sehen, kehrte immer wieder zu diesem Anblick zurück, faßte dabei die verschiedenen Sterngruppen richtig ins Auge und bemerkte die ausgezeichneten hellen Sterne mit ihren verschiedenen Farben. «Das», rief er aus, «das ist aber doch das Schönste, was ich noch auf der Welt gesehen habe. Wer aber hat die vielen schönen Lichter da hinaufgestellt? Wer zündet sie an? Wer löscht sie wieder aus?» Als man ihm sagte, daß sie, wie die Sonne, die er schon kenne, immer fortleuchteten, aber nicht immer gesehen würden, fragte er von neuem, wer sie denn da oben hinaufgesetzt habe, daß sie immer fortbrennten. Endlich verfiel er, indem er gesenkten Kopfes, unbeweglich, mit starren Augen dastand, in tiefes ernstes Nachdenken. Als er wieder zu sich kam, war sein Entzücken in Schwermut übergegangen. Er ließ sich zitternd auf einen Stuhl nieder und fragte, warum jener böse Mann ihn doch nur immer eingesperrt gehalten und von allen diesen schönen Sachen ihm gar nichts gezeigt habe; er (Kaspar) habe doch nichts Böses getan. Er brach hierauf in ein langes, schwer zu stillendes Weinen aus und sagte, man möge nun auch einmal den Mann, bei dem er immer gewesen, auf ein paar Tage einsperren, damit er wisse, wie hart dieses sei. Vor diesem großen Himmelsschauspiele hatte Kaspar noch nie Unwillen gegen jenen Mann geäußert, noch weniger von einer Bestrafung desselben etwas wissen wollen. Nur die Müdigkeit und der Schlummer vermochten seine Empfindungen zur Ruhe zu bringen; er schlief – was vorher noch nie geschehen war – erst gegen 11 Uhr ein.

Überhaupt begann er erst in Daumers Familie, wie es schien, über sein Schicksal nachzudenken und, was dieses ihm vorenthalten und genommen, mehr und mehr zu erkennen und schmerzlich zu empfinden. Erst hier wurde ihm die Vorstellung von Familie, von Verwandtschaft und Freundschaft, von dem menschlichen Verhältnis zwischen Eltern, Kindern und Geschwistern nahegebracht; erst hier erhielten die Namen: Mutter, Schwester, Bruder, für ihn eine Bedeutung, indem er sah, wie Mutter, Schwester, Bruder, durch gegenseitige Liebe verbunden, füreinander sorgten und sich wechselseitig zu Gefallen lebten. Er wollte erklärt haben, was denn eigentlich Mutter sei? Was Bruder? Was Schwester? Man suchte ihn so gut als möglich durch eine schickliche Antwort zu befriedigen. Bald darauf fand man ihn auf seinem Stuhle sitzend mit Tränen in den Augen und, wie es schien, in tiefe Betrachtungen versunken. Als er gefragt wurde, was er denn wieder habe, antwortete er weinend, er habe darüber nachgedacht, warum denn er nicht auch eine Mutter, einen Bruder und eine Schwester habe; denn dies sei doch gar zu schön. Da seine hohe Reizbarkeit zu dieser Zeit das Ausruhen von jeder geistigen Anstrengung gebot und vor allem die Kräfte seines schwächlichen Körpers der Übung und Stärkung bedurften, so schien, nebst andern körperlichen Beschäftigungen, besonders auch das Reiten seiner Gesundheit förderlich werden zu können, zumal er hiezu besondere Lust bezeigte. Wie früher die hölzernen Rosse waren schon längst die lebenden seine Lieblinge geworden. Unter allen Tieren war ihm das Pferd das schönste Geschöpf, und wenn er einen Reiter sein Roß tummeln sah, quoll seine Brust von dem Wunsche über: Wenn er doch auch einmal so ein Roß unter sich haben könnte! Der Stallmeister zu Nürnberg, Herr von Rumpler, hatte bald die Gefälligkeit, diese Sehnsucht zu stillen; er nahm unsern Kaspar unter seine Schüler auf. Kaspar, mit der gespanntesten Aufmerksamkeit alles beobachtend, was ihm und andern Scholaren von dem Lehrer gezeigt und vorgemacht wurde, hatte sich schon in der ersten Stunde die Hauptregeln und Elemente der Reitkunst nicht bloß gemerkt, sondern auch, nach den ersten Versuchen, sogleich angeeignet; und in wenigen Tagen war er bereits so weit, daß Scholaren, junge und alte, die schon mehrere Monate lang Unterricht genossen hatten, in ihm ihren Meister erkennen mußten. Seine Haltung, sein Mut, die richtige Führung des Pferdes, setzten jedermann in Erstaunen, und er traute sich zu, was außer ihm und seinem Lehrer niemand zu unternehmen wagte. Als einst der Stallmeister auf der Reitbahn ein eigenwilliges türkisches Roß umhergetummelt hatte, schreckte ihn dieser Anblick so wenig, daß er dieses Pferd sich selbst zum Reiten ausbat*). – Nachdem er sich einige Zeitlang geübt hatte, wurde ihm die Reitschule zu eng; er verlangte mit seinem Roß ins Freie, und hier bewies er dann, nebst Geschicklichkeit, eine so unermüdliche Ausdauer, Härte und Zähigkeit des Körpers, daß es ihm die Geübtesten hierin kaum gleichtun konnten. Am liebsten hatte er mutige und harttrabende Pferde. Er ritt oft viele Stunden lang ununterbrochen, ohne müde zu werden, ohne sich wund zu reiten oder nur in den Schenkeln oder im Gesäß Schmerzen zu empfinden. An einem Nachmittag ritt er, fast beständig in vollem Trab, von Nürnberg auf die sogenannte alte Veste und von da wieder zurück; und dieser Schwächling, der um dieselbe Zeit von einigen Gängen in der Stadt so müde geworden war, daß er sich um ein paar Stunden früher als gewöhnlich erschöpft zu Bett legen mußte, kam von jenem gewaltigen Ritt wieder so frisch und kräftig nach Haus, als wenn er im Schritt nur von einem Tor der Stadt zum andern geritten wäre. Er scherzte zuweilen über die Unempfindlichkeit seines Gesäßes, indem er sagte: Wäre alles an mir so gut wie mein Hinterteil, so stünde es sehr gut mit mir. Daß das vieljährige

*) Die Angaben Feuerbachs sind hier sachlich nicht zutreffend. Daumer hat sie in seinem «Kaspar Hauser»-Buch, 1873, S. 220f. durch Fehler in den Kopien, die er Feuerbach zugesandt hatte, erklärt und sachlich richtig gestellt. Anm. P. Tr.

Sitzen auf hartem Boden an dieser Unempfindlichkeit seines Hinterteils den meisten Anteil habe, wie Professor Daumer vermutet, ist allerdings nicht unwahrscheinlich. Man könnte jedoch überdies aus der Pferdelust Hausers und seiner gleichsam instinktmäßigen Reitergeschicklichkeit den nicht ganz unhaltbaren Schluß ziehen, er möge von Geburt einer Reiternation angehören. Denn daß ursprünglich nur durch Kunst erworbene Fertigkeiten, mehrere Generationen hindurch fortgesetzt, zuletzt sich als habituelle Neigung und besonders ausgezeichnete Anlage fortpflanzen können, ist nicht unbekannt, wofür die Schwimmfertigkeit der Südsee-Insulaner, die Scharfsichtigkeit der Jägernationen Amerikas und so weiter als Beispiele dienen. Wenn ein gewisser feinriechender Polizeimann*) durch das auffallende Reitertalent Kaspars zu der Vermutung verleitet wurde, Kaspar sei vielleicht ein junger englischer Reiter, der seiner Bande entlaufen, um auf eigne Rechnung mit den gutmütigen Nürnbergern Komödie zu spielen, so wird nicht leicht jemand dem Erfinder die Ehre seiner Hypothese streitig machen wollen. Was, nächst dem seltenen Reitertalent Hausers, während seines Aufenthalts bei Professor Daumer als Eigentümlichkeit sich besonders bemerklich machte, war die fast übernatürliche Beschaffenheit, Schärfe und Erhöhung aller seiner Sinne.

Was das *Sehen* betrifft, so gab es für ihn keine Dämmerung, keine Nacht, keine Finsternis. Man wurde hierauf zuerst aufmerksam, als man bemerkte, daß er bei Nacht überall hin mit der größten Sicherheit vorwärtsschreite und daß er, sooft er an einen dunklen Ort ging, das ihm angebotene Licht ausschlug. Mit Verwunderung oder Lachen sah er öfters den Leuten zu, die an dunklen Orten, z. B. nachts beim Eintritt in das Haus und beim Treppensteigen, durch Tappen und Anhalten sich zu helfen suchten. Im Dämmerlicht sah er sogar bei weitem besser als am hellen Tage. So las er, nach Untergang der Sonne, auf der Straße eine Hausnummer, die er

*) Herr *Merker* zu Berlin.

bei Tage wenigstens in solcher Ferne nicht würde erkannt haben, auf ungefähr 180 Schritte weit. Bei tiefer Dämmerung machte er einst seinen Lehrer auf eine Mücke aufmerksam, die in einem sehr entfernten Spinnegewebe hing. In einer Entfernung von gewiß 60 Schritten unterschied er die Beeren der Trauben von den Holunderbeeren und diese von Schwarzbeeren. Bei völliger Nacht unterschied er, nach sorgfältig mit ihm angestellten Versuchen, die Farben, selbst verschiedene dunkle Farben wie die blaue und grüne. Wenn, bei einbrechender Dämmerung, ein gewöhnliches weitsichtiges Auge nur erst drei oder vier Sterne am Himmel sah, erkannte er bereits die Sterngruppen und wußte die einzelnen Sterne darin nach ihrer Größe und eigentümlichem Farbenspiel zu unterscheiden. Vom Nürnberger Schloßzwinger aus zählte er eine Reihe Fenster des Schlosses Marloffstein und von der Burg aus die Fensterreihe eines unterhalb der Festung Rothenberg liegenden Hauses. Sein Auge war ebenso scharf in der Nähe als weittragend in die Ferne. Bei Zergliederung von Blumen bemerkte er feine Unterschiede und zarte Teile, welche der Beobachtung andrer ganz entgangen waren.

Fast nicht minder scharf und weitreichend war sein *Gehör.* In einer verhältnismäßig sehr großen Entfernung hörte er bei einem Spaziergang auf dem Feld die Tritte mehrer Wanderer und unterschied diese Tritte nach ihrer Stärke. Einst hatte er Gelegenheit, die damalige Schärfe seines Gehörs mit dem noch feinern eines Blinden zu vergleichen, der jeden auch noch so leisen Tritt eines Barfüßigen bemerkte. Bei dieser Gelegenheit äußerte er, früher sei sein Gehör ebenso scharf gewesen, habe aber, seitdem er Fleisch zu essen angefangen, bedeutend abgenommen, so daß er nicht mehr durchs Gehör so fein unterscheiden könne wie dieser Blinde.

Unter allen Sinnen war es der *Geruch*, der sich ihm am zudringlichsten und peinlichsten erwies und ihm vor allem andern das Leben auf dieser Welt zur Qual machte. Was für uns geruchlos ist, war es nicht für ihn; die feinsten lieblichsten Gerüche der Blumen, z.B. der Rose, waren ihm Gestank oder affizierten schmerzlich seine Nerven. Was uns andern allenfalls bloß in der Nähe durch den Geruch sich ankündigt, roch er in der weitesten Ferne. Mit Ausnahme des Geruchs von Brot, Fenchel, Anis, Kümmel, an die er sich, wie er versichert, schon in seinem Gefängnis gewöhnt hatte, – denn sein Brot war mit diesen Gewürzen bestreut –, waren alle Arten von Gerüchen ihm mehr oder weniger widerlich. Als er einst gefragt wurde, welcher Geruch ihm der angenehmste sei, antwortete er: «Gar keiner.» Seine Spaziergänge oder Spazierritte, da sie ihn bald an Blumengärten, bald an Tabaksfeldern, bald an Nußbäumen oder anderen seinem Geruch empfindlichen Pflanzen vorbeiführten, wurden ihm dadurch oft gar sehr verleidet, und er mußte dann seine Erholungen in freier Luft mit Kopfweh, Angstschweiß und Fieberanfällen bezahlen. Tabak, der auf dem Feld in der Blüte stand, roch er auf mehr als 50 Schritte; zum Trocknen aufgehängte Tabaksbündel – wie sie in den Dörfern um Nürnberg an den Häusern hängen – auf mehr als 100 Schritte. Äpfel-, Birn- und Zwetschgenbäume konnte er schon am Geruch ihrer Blätter aus der Ferne voneinander unterscheiden. Die verschiedenen Farbstoffe an den Wänden, Gerätschaften, Kleidern und so weiter, die Pigmente, mit denen er seine Bilder illuminierte, Tinte, Bleistift, womit er schrieb, alles was ihn umgab oder ihm nahte, hauchte ihm widerliche oder schmerzliche Gerüche entgegen. Wenn auf der Straße ein Schornsteinfeger mehrere Schritte vor ihm hinging, wendete er vor dem Geruch desselben schaudernd sein Gesicht ab. Auf den Geruch eines alten Käses wurde ihm unwohl, und er mußte sich erbrechen. Als er einst Essig roch, der einen starken Schritt von ihm entfernt stand, wirkte dessen Schärfe so sehr auf seine Geruchs- und Augennerven, daß ihm das Wasser aus den Augen trat. Wenn Wein, in ziemlicher Entfernung von ihm, auf dem Tische eingeschenkt stand, so klagte er über widrigen Geruch und über Hitze im Kopf. Mit einer geöffneten Champagner-Flasche konnte man ihn zuverlässig vom Tische jagen oder krank machen. Was wir übelriechend nennen, schien ihn weit weniger unangenehm zu affizieren als unsere Wohlgerüche. So sagte er z.B., er wolle weit lieber Katzenkot riechen, weil er ihm weniger im Kopf weh tue als Pomade, und weit lieber jede Art Kot, als kölnisches Wasser oder gewürzte Schokolade. Der Geruch von frischem Fleisch war ihm der schrecklichste von allen; sogar der Gestank von Katzenkot und der Geruch von Stockfischen war ihm erträglicher. Als Professor Daumer (im Herbst 1828) mit Kaspar dem Johanniskirchhofe bei Nürnberg nahe kam, wirkte der Totengeruch, von welchem Professor Daumer selbst nicht das mindeste spürte, so stark auf ihn, daß er sogleich zu frieren anfing und die Gebärden des Schauders machte. Der Frost ging bald nachher in Fieberhitze über, die zuletzt in einen heftigen Schweiß ausbrach, der sein Hemd durch und durch tränkte. Solche Hitze, sagte er später, habe er noch nie empfunden. Auf dem Rückweg in der Nähe des Stadttors wurde ihm wieder wohl; doch klagte er, daß es ihm vor seinen Augen dunkler geworden sei. Ähnliche Zufälle erlitt er, als er einmal (am 18. September 1828) lange neben einem Tabaksfelde herzugehen hatte.

Auf die besondere Beschaffenheit des *Gefühlvermögens* Kaspars und dessen Empfänglichkeit besonders für Metallreize, ward Professor Daumer zuerst aufmerksam, als jener sich noch auf dem Turm befand. Hier machte ihm einst ein Fremder ein Geschenk mit einem Spielpferdchen und einer kleinen Magnetstange, womit jenes, welches vorn mit Eisen beschlagen war, im Wasser schwimmend herumgezogen werden konnte. Als Kaspar den Magnet nach der Anweisung gebrauchen wollte, fühlte er sich von demselben sogleich auf das unangenehmste affiziert, verschloß dieses Spielzeug alsbald in das dazu gehörige Kästchen und holte es nie wieder aus demselben hervor, um es – wie er mit seinen andern Spielsachen zu tun pflegte – den Besuchenden zu zeigen. Späterhin über den Beweggrund seines Benehmens befragt, äußerte er, jenes Pferdchen habe ihm einen Schmerz verursacht, den er durch den ganzen Leib in allen Gliedern gespürt habe. Nachdem er zu Professor Daumer gezogen war, hielt er das Kästchen mit dem Magnet in einem Koffer verwahrt, aus welchem es einmal beim Aufräumen seiner Sachen zufällig wieder zum Vorschein kam. Professor Daumer, der sich der frühern Erscheinung erinnerte, kam jetzt auf den Gedanken, mit dem Magnet des Pferdchens an Kaspar einen Versuch zu machen. Kaspar spürte sogleich die auffallendsten Wirkungen. Hielt Professor Daumer den Nordpol gegen ihn, so griff Kaspar in die Gegend der Herzgrube und zog seine Weste auswärts, indem er sagte, *so ziehe es ihn, es gehe wie ein Luftzug von ihm aus.* Der Südpol wirkte weniger stark auf ihn, und er sagte von ihm, *es wehe ihn an.* Professor Daumer und Professor Herrmann machten hierauf verschiedentlich ähnliche Versuche mit ihm, welche zugleich darauf berechnet waren, ihn irre zu führen; doch immer sagten ihm jene Empfindungen ganz richtig, und zwar bei bedeutender Ferne des Magnets, wann der Südpol oder der Nordpol oder auch keiner von beiden ihm zugewendet war. Lange durften solche Versuche nicht fortgesetzt werden, weil ihm bald der Schweiß auf die Stirne trat und er sich unwohl fühlte.

Über seine Empfindlichkeit gegen andere Metalle und dessen Gabe, sie durch das bloße Gefühl zu unterscheiden, hat Professor Daumer sehr viele Tatsachen gesammelt, aus welchen ich jedoch nur einige heraushebe. Im Herbst 1828 kam er einst zufällig in ein mit Metall-, besonders Messing-Waren angefülltes Gewölbe. Kaum war er eingetreten, so eilte er unter Äußerungen heftigen Schauders wieder auf die Straße hinaus, indem er sagte, da drinnen ziehe es ihn am ganzen Körper, von allen Seiten. – Ein ihn besuchender Fremder drückte ihm einmal ein kleines Goldstück ungefähr von der Größe und Dicke eines Kreuzers in die Hand, ohne daß Kaspar es ansehen konnte; dieser aber sagte sogleich, er fühle Gold in seiner Hand. – Professor Daumer legte einst in Kaspars Abwesenheit einen goldnen Ring, einen Zirkel von Stahl und Messing, nebst einer silbernen Reißfeder unter Papier, so daß es unmöglich war zu bemerken, was darunter verborgen sei. Daumer befahl ihm, mit seinem Finger, jedoch ohne das Papier zu berühren, darüber hinzufahren; es geschah, und an der Verschiedenheit und Stärke des Zugs, den die Metalle gegen seine Fingerspitzen ausübten, unterschied er richtig alle jene Gegenstände nach ihrem Stoff wie nach ihrer Form. – Einst führte Daumer, als gerade der Arzt Dr. Osterhausen und der Königliche Kronfiskal Brunner aus München zugegen waren, den Kaspar, um ihn auf die Probe zu stellen, zu einem mit einer Wachsdecke überzogenen Tisch, auf wel-chem ein Bogen Papier lag, und forderte ihn auf, zu sagen, ob kein Metall darunter liege. Er fuhr mit dem Finger in einiger Entfernung darüber hin und sagte dann: «Da zieht es!» «Diesmal aber,» erwiderte Daumer, «hast du dich denn doch getäuscht; denn siehe (indem er den Bogen Papier aufhob), es liegt nichts darunter.» Hauser zeigte sich anfangs betroffen, fühlte aber doch von neuem nach der Stelle hin, wo er den Zug gespürt haben wollte, und versicherte wiederholt, da fühle er einen Zug. Man hob nun die Wachsdecke auf, suchte genau nach, und es kam eine Nadel zum Vorschein. – Das Gefühl, welches ihm Mineralien erregten, bezeichnete er durch ein Ziehen, das ihn zugleich mit Kälte überlaufe, nach Verschiedenheit der Gegenstände, in seinem Arm mehr oder weniger hoch aufsteige und auch sonst noch sich eigentümlich unterscheide. Dabei schwollen ihm sichtbar die Adern der Hand, die dem Metallreize ausgesetzt gewesen war. Gegen Ende des Dezembers 1828 – wo die krankhafte Reizbarkeit seiner Nerven beinahe schon ganz gehoben war – verschwand auch allmählich seine Empfindlichkeit für Metallreize und verlor sich endlich ganz.

Nicht minder auffallend äußerte sich in ihm der *tierische* Magnetismus, für welchen er weit längere Zeit als für Metallreize Empfänglichkeit behielt. Da jedoch diese Erscheinungen an Kaspar im wesentlichen mit ähnlichen bekannten übereinstimmen, so ist es überflüssig, ins einzelne einzugehen, und es dürfte wohl nur zu bemerken sein, daß er die Empfindung des auf ihn einströmenden magnetischen Fluidums immer ein Anblasen nannte. Solche magnetische Empfindungen hatte er nicht bloß bei Menschen, wenn diese mit der Hand ihn berührten, die Fingerspitzen, selbst in einiger Entfernung, gegen ihn ausstreckten und so weiter, sondern auch bei Tieren. Wenn er ein Pferd anfaßte, ging es ihm, wie er sagte, kalt den Arm hinauf; setzte er sich darauf, so war ihm, als gehe ihm ein Luftzug durch den Leib. Diese Empfindungen vergingen jedoch, sobald er sich mit seinem Pferd ein paarmal auf der Reitbahn herumgetummelt hatte. Griff er eine Katze beim Schweif an, so überfiel ihn ein starker Kälteschauder, und es war ihm, als habe er einen Schlag auf die Hand bekommen. – Im März 1829 wurde er zum erstenmal in eine Hütte geführt, worin ausländische Tiere zu sehen waren, und, nach seinem Wunsch, auf den dritten Platz gestellt. Sogleich beim Eintritt empfand er ein Fieberfrösteln, das, als die gereizte Klapperschlange zu rasseln begann, viel stärker wurde und bald in Hitze mit vielem Schweiß überging. Der Blick der Schlange war dem Platze, wo er stand, nicht zugewendet. Er war sich übrigens dabei, wie er versicherte, weder des Schreckens noch der Furcht bewußt.

Wir verlassen nunmehr die physische und physiologische Seite Kaspars, um in eine tiefere Region seines Wesens einige Blicke zu werfen, die, indem sie uns die Schärfe seines natürlichen Verstandes verraten, zugleich auf sein Lebensschicksal und auf die gänzliche Verwahrlosung, worin menschliche Verruchtheit ihn versenkt hatte, den bündigsten Schluß ziehen lassen. In seiner Seele voll kindlicher Güte und Milde, die ihn unfähig machte, einem Wurm oder einer Fliege, geschweige einem Menschen wehe zu tun, welche in jeder Beziehung so fleckenlos und rein sich erwies wie der Abglanz des Ewigen in der Seele eines Engels, brachte er, wie schon früher bemerkt worden, keine Idee, keine Ahnung von Gott, keinen Schatten eines Glaubens an irgend ein höheres, unsichtbares Dasein, aus seinem Kerker mit sich in die Welt des Lichts. Wie ein Tier aufgefüttert, selbst im Wachen schlafend, in der Wüste seines engen Kerkerraums von nichts angeregt als von den gröbsten tierischen Bedürfnissen, mit nichts beschäftigt als mit seinem Futter und mit dem ewigen Einerlei seiner Rosse, war sein Seelenleben dem Leben der Auster zu vergleichen, die am Felsen klebend nichts empfindet als ihren Fraß, nichts vernimmt als den ewig einförmigen Schlag der Wellen und, da im engen Raum ihres Gehäuses auch die beschränkteste Vorstellung von einer Welt außer ihr keinen Platz findet, noch weniger von demjenigen etwas zu ahnen vermag, was *über* der Erde und über allen Welten ist. So kam denn Kaspar freilich ohne Vorurteile, aber auch ohne allen Sinn für Unsichtbares, Unkörperliches, Ewiges auf die obere Welt, wo er, vom betäubenden Strudel der Außendinge erfaßt und umhergetrieben, mit den sichtbaren Wirklichkeiten schon allzuviel zu tun hatte, als daß auch noch das Bedürfnis zum Unsichtbaren in ihm so leicht hätte aufkommen können. Nichts hatte anfangs Wirklichkeit für ihn, als was er sehen, hören, fühlen, riechen und schmecken konnte; und sein erwachter, bald auch grübelnder Verstand ließ von allem dem nichts gelten, was nicht auf seinem sinnlichen Bewußtsein fußte, nicht in den Bereich seiner Sinne gestellt, in die Form eines ihm nahe liegenden groben Verstandesbegriffs gebracht werden konnte. Lange waren alle Bemühungen, auf gewöhnlichem Weg religiöse Vorstellungen in ihm zu erwekken, ganz fruchtlos. Gegen Professor Daumer beklagte er sich ganz naiv, daß er gar nicht wisse, was doch die Geistlichen mit allen den Dingen wollten, die er nicht begreifen könne. Um seinen plump materialistischen Vorstellungen etwas abzugewinnen, versuchte es Professor Daumer auf folgende Weise, ihn wenigstens vorläufig für die Denkbarkeit und Möglichkeit einer unsichtbaren Welt, besonders einer Gottheit, empfänglich zu machen. Daumer fragte ihn, ob er nicht Gedanken, Vorstellungen und einen Willen in sich habe, und, als er es bejahte, ob er diese sehen, hören und so weiter könne. Da er mit Nein antwortete, machte ihm sein Lehrer bemerklich, wie es folglich, nach seinem eignen Bewußtsein,

Dinge gebe, die man nicht sehen, noch sonst äußerlich wahrnehmen könne. Kaspar gestand dieses zu und war sehr erstaunt über die Entdeckung der unkörperlichen Natur seines innern Wesens. Daumer fuhr fort, ein Wesen, das denken und wollen könne, heiße ein Geist, Gott sei nun ein solcher Geist und verhalte sich zu der Welt wie Kaspars eignes Denken und Wollen zu seinem Körper; wie er (Kaspar) in seinem Körper durch unsichtbares Denken und Wollen sichtbare Veränderungen hervorbringen, z. B. seine Hände und Füße bewegen könne, so könne es auch Gott in der Welt; Er sei das Leben in allen Dingen, Er sei der in der ganzen Welt wirkende Geist. – Professor Daumer befahl ihm jetzt, seinen Arm zu bewegen, und fragte ihn, ob er nicht zu gleicher Zeit auch den andern Arm aufheben und bewegen könne. «Allerdings!» – «Nun denn», fuhr Daumer fort, «so siehst du also daraus, daß dein unsichtbares Denken und Wollen, das ist dein Geist, zu gleicher Zeit in zweien deiner Glieder, also an zwei verschiedenen Orten zugleich sein und wirken kann. Dieses ist denn ebenso bei Gott, aber im Großen, und nun wirst du ungefähr verstehen, was das heißt: Gott ist allgegenwärtig.» – Kaspar bezeigte große Freude, als ihm dieses klar geworden war, und äußerte zu seinem Lehrer, was er ihm da gesagt habe, sei doch etwas «Wirkliches», während andere Leute nie etwas Rechts ihm darüber gesagt hätten. – Belehrungen, wie die oben bemerkten, hatten übrigens lange Zeit keine andere Folge, als daß Hauser gegen die Idee von Gott sich nicht mehr widerspenstig bezeigte und nun der Weg gefunden war, auf welchem man religiöse Vorstellungen seiner Seele nahebringen könne. Der ihm eingeborne Pyrrho kam indessen bei vielen Gelegenheiten immer wieder von neuem, in veränderter Gestalt und nach andern Richtungen hin zum Vorschein. – Einmal fragte er, ob er von Gott etwas Bestimmtes bitten dürfe und ob ihm das Gebetene auch gewährt werde, z. B. wenn er Gott bitte, ihm von seinem (damals eingetretenen) Augenübel zu helfen. Allerdings, war die Antwort, dürfe er bitten; nur müsse er es der Weisheit Gottes anheimstellen, ob dieser es auch für gut finde, ihm seine Bitte zu gewähren. «Aber», erwiderte er hierauf, «ich will ja meine Augen wieder haben, damit ich lernen und arbeiten kann, und das muß ja doch gut für mich sein; Gott kann also nichts dagegen haben.» Wurde er hierauf belehrt, Gott habe zuweilen seine unerforschlichen Gründe, uns auch das, was uns gut scheint, zu versagen, um uns z. B. durch Leiden zu prüfen, in Geduld zu üben und so weiter, so gingen diese Lehren immer nur kalt an ihm vorüber und fanden keine Anerkennung. – Seine Zweifel, Fragen und Einwendungen setzten nicht selten seinen Lehrer in nicht geringe Verlegenheit; z. B. als er einst, da von Gottes Allmacht die Rede war, die Frage stellte, ob denn Gott, der Allmächtige, auch die Zeit könne rückgängig machen. Eine Frage, welche auf sein früheres Lebensschicksal eine ironische bittere Beziehung hatte und im Hintergrund die Frage versteckte, ob denn Gott seine Kindheit und Jugend, die er lebendig in einem Grabe verloren, ihm wieder zurückgeben könne. – Aus diesem wenigen mag man schließen, wie es vollends mit der positiven Religion, mit der christlichen Dogmatik, mit dem Geheimnis der Versöhnungslehre und andern dergleichen Lehren stand, worüber seine Äußerungen anzuführen ich mich gern enthalte.

Vor zwei Ständen hatte Kaspar geraume Zeit einen nicht zu bezwingenden Abscheu: vor den Ärzten und den Geistlichen; vor den ersten wegen der abscheulichen Arzneien, die sie verschrieben und womit sie die Leute krank machten; vor den letzten, weil sie ihn ängstigten und durch unverständliches Zeug, wie er sich ausdrückte, verwirrten. Sah er einen Pfarrer, so geriet er in Schreck und Entsetzen. Fragte man ihn um die Ursache, so antwortete er: «Weil mich diese Leute schon sehr gepeinigt haben. Einmal sind ihrer vier auf einmal zu mir auf den Turm gekommen und haben mir Dinge gesagt, die ich damals gar nicht verstanden habe, z. B., daß Gott Alles aus Nichts geschaffen. Wenn ich um Erläuterung bat, so schrieen alle zusammen, und jeder sagte etwas anderes. Als ich ihnen sagte, das alles verstehe ich jetzt noch nicht, ich müsse zuerst lesen und schreiben lernen, so antworteten sie mir, jene Dinge müsse man zuerst lernen. Auch sind sie nicht eher fortgegangen, bis ich ihnen das Verlangen zu erkennen gab, sie möchten mich doch endlich einmal in Ruhe lassen.» In Kirchen war es daher Kasparn ebenfalls gar nicht wohl zu Mute. Die Kruzifixe darin erregten ihm ein entsetzliches Schaudern, indem seine Vorstellung noch lange Zeit den Bildern unwillkürlich Leben verlieh. Das Singen der Gemeinde dünkte ihm ein widerliches Schreien. «Zuerst», sagte er einmal nach einem Kirchenbesuche, «schreien die Leute, und, wenn diese aufhören, fängt der Pfarrer zu schreien an.»

VII.

Kaspar Hausers Gesundheit hatte unter sorgfältiger Pflege der würdigen Daumerschen Familie bei zweckmäßiger Leibesbewegung und angemessener Beschäftigung bedeutend gewonnen. Er lernte fleißig, nahm zu an allerlei Kenntnissen, machte Fortschritte im Rechnen und Schreiben und brachte es im letzten bald so weit, daß er, ungefähr im Sommer 1829, es unternehmen konnte, dem Verlangen seiner Vorgesetzten entsprechend, die Erinnerungen seines Lebens in einen schriftlichen Aufsatz zu bringen. Diesen ersten Versuch eigner Darstellung seiner Gedanken, so gewiß er nur als Urkunde seiner lange zurückgehaltenen Bildung und der Dürftigkeit und Ungelenkigkeit seines noch ganz kinderhaften Geistes gelten konnte, betrachtete gleichwohl er selbst mit den Augen eines jungen Autors, der sein erstes Feder-Produkt aus der Presse hervorgehen sieht. In seinem Schriftstellerkitzel wurde die sogenannte *Lebensbeschreibung* den ihn besuchenden Einheimischen und Fremden vorgezeigt, und bald erzählte man sogar in mehreren öffentlichen Blättern, Kaspar Hauser arbeite an seiner Lebensbeschreibung. Sehr wahrscheinlich, daß gerade dieses Gerücht die Katastrophe herbeiführte, die bald nachher, im Oktober desselben Jahrs (1829), seinem kurzen Leben ein tragisches Ende zu bereiten die Absicht hatte.

Kaspar Hauser – wenn es erlaubt ist, hier Vermutungen einzuflechten – war dem oder denjenigen, die ihn im Verborgenen verwahrten, endlich zur gefährlichen Last geworden. Das Kind, das man lange gefüttert hatte, war zum Knaben, endlich zum Jüngling herangewachsen. Er fing an unruhig zu werden, es regten sich seine Kräfte, er machte schon zuweilen Lärm und mußte durch empfindliche Schläge – wovon er noch die frischen Spuren nach Nürnberg mitbrachte – zur Ruhe gebracht werden. Warum man sich seiner nicht auf anderem Weg entledigte, warum man ihn nicht tötete, warum man ihn überhaupt nicht schon als Kind aus der Welt geschafft, ob er nicht vielleicht seinem Wärter in mörderischer Absicht übergeben worden, dieser aber, entweder aus Mitleid oder um gewisse dem auf die Seite geschafften Kind günstigere Zeiten abzuwarten, oder aus andern, leicht denkbaren Beweggründen, das Kind auf eigne Gefahr beim Leben erhalten und aufgefüttert habe, bleibt der Vermutung eines jeden preisgegeben. Indessen – die Zeit war gekommen, oder vielmehr, sie war nicht gekommen; der Verheimlichte konnte nicht länger verborgen gehalten werden, man mußte seiner auf irgendeine Weise loszuwerden suchen und – schaffte ihn im Bettlergewand nach Nürnberg, wo er, wie man hoffte, als Vagabund oder Blödsinniger in irgend einer öffentlichen Anstalt oder, wenn die ihm mitgegebene Empfehlung zum Reiterstand berücksichtig wurde, als Soldat in einem Regiment verschwinden sollte. Gegen alle Erwartung traf keine dieser Berechnungen ein; der unbekannte Findling gewann sich menschliche Teilnahme, wurde Gegenstand öffentlicher allgemeiner Aufmerksamkeit; die Tagblätter füllten sich mit Nachrichten und Nachfragen über den rätselhaften jungen Mann; erst ein

Adoptiv-Kind Nürnbergs, wofür ihn der Magistrat dieser Stadt in seiner öffentlichen Bekanntmachung erklärt hatte, wird er endlich sogar das Kind – Europas. Man spricht allerorten von Kaspars geistiger Entwickelung, man erzählt dem Publikum Wunder von seinen Fortschritten und – nun schreibt sogar dieser Halbmensch seine Lebensbeschreibung! Wer sein Leben beschreibt, muß von seinem Leben etwas zu erzählen wissen; es mußte daher denen, die alle Ursache hatten, in der Dunkelheit zu bleiben, welche sie um sich selbst und die zu ihnen führenden Spuren gezogen hatten, bei der Nachricht von einer Autobiographie Kaspars etwas eng um die Brust werden. Der Plan, den armen Kaspar in den Wellen der ihm fremden Welt lebendig zu begraben, war vereitelt; und nun erst wurde, wie die geheimen Verbrecher glauben mochten, Kaspars Ermordung für sie eine Art von Notwehr.

Kaspar pflegte vormittags von 11–12 Uhr außer dem Haus eine Rechnungsstunde zu besuchen. Aber am Sonnabend den 17. Oktober blieb derselbe, weil er sich unwohl fühlte, auf Geheiß seines Erziehers zu Haus. Professor Daumer machte um diese Zeit einen Spaziergang, und außer Kaspar, den man auf seinem Zimmer wußte, blieb niemand in der Daumerschen Wohnung zurück als Daumers Frau Mutter und dessen Schwester, die um diese Zeit mit Reinigung des Hauses beschäftigt war.

Das Haus, in welchem Kaspar bei Daumer wohnte, liegt in einem entfernten, wenig besuchten Teil der Stadt, auf einem außerordentlich großen, kaum übersehbaren, öden Platz. Das Haus, nach alter Nürnberger Bauart, äußerst unregelmäßig gebaut, voll Ecken und Winkel, besteht aus einem Vordergebäude, welches der Hausherr bewohnte, und einem Hintergebäude, in welchem die Daumersche Familie ihre Wohnung hatte. Eine eigne Haustüre führt über einen den Hofraum von zwei Seiten einschließenden Gang zur Treppe des Daumerschen Quartiers, und auf jenem Gang ist, nebst einem Holzstall, Geflügelraum und andern ähnlichen Behältnissen, dicht unter einer Wendeltreppe, in einem Winkel, ein sehr niedriger, schmaler, enger Abtritt. Der ohnehin kleine Raum, in welchem sich der Abtritt befindet, war durch eine davor stehende spanische Wand noch mehr verengt.

Sooft Kaspar dieses heimliche Gemach besuchen wollte, legte er, nach seiner Gewohnheit, aus Reinlichkeitsliebe, immer erst Rock und Weste auf seinem Zimmer ab und ging so, bis auf die Hosen entkleidet, im bloßen Hemd mit nacktem Hals auf jenes Gemach. Noch ist zu bemerken, daß, wer auf dem eben bezeichneten Gang zu ebener Erde allenfalls in der Nähe der Holzkammer sich befindet, sehr gut beobachten kann, wer von der Treppe herabkommt und auf den Abtritt geht.

Als gegen 12 Uhr des oben bemerkten Tages die Schwester des Professor Daumer, Katharina, mit Fegen der Wohnung beschäftigt war, wurde sie auf der Treppe, die von dem ersten Stockwerk nach dem Hof führt, mehrere Blutflecken und blutige Fußspuren gewahr, die sie sogleich aufwischte, ohne sich dabei etwas besonders Arges zu denken. Sie meinte, Kaspar möge auf der Treppe aus der Nase geblutet haben, und ging auf dessen Zimmer, um ihn darüber zur Rede zu stellen. Sie fand Kaspar nicht, wohl aber bemerkte sie in dessen Stube, nahe an der Türe, ebenfalls ein paar blutige Fußtritte. Nachdem sie wieder die Treppe herabgegangen war, um auch den oben bezeichneten Gang im Hofe zu fegen, fielen ihr abermals einzelne Blutspuren auf dem Steinpflaster dieses Ganges in die Augen. Sie kam bis zum Abtritt, und hier lag ein ganzer dicker Haufen gestockten Bluts, das sie der eben herbeikommenden Tochter des Hausherrn zeigte, welche meinte, es sei dieses Blut von einer Katze, welche hier ihre Jungen geworfen habe. Daumers Schwester, welche dieses Blut sogleich hinwegschwemmte, war nun umso mehr in der Meinung bestärkt, Hauser habe die Unreinlichkeit auf der Treppe gemacht; er müsse in diese Blutlache getreten sein und beim Hinaufgehen seine Füße nicht zuvor gereinigt haben.

Es war bereits 12 Uhr vorüber, der Tisch war gedeckt, und

Kaspar, der sonst immer um diese Stunde pünktlich zum Essen kam, blieb diesmal aus. Die Mutter des Professor Daumer ging daher aus ihrem Zimmer herab, um Kaspar zu rufen, fand ihn aber auf seiner Stube ebenso wenig als zuvor ihre Tochter. Frau Daumer sah an der Wand seinen Rock hängen und auf dem Klavier seine Chemisette, Halsbinde und Weste. Sie schloß hieraus für gewiß, Kaspar müsse auf dem heimlichen Gemach sich befinden, ging herab, ihn hier zu suchen, fand ihn auch hier nicht und wollte sich wieder hinauf in ihr Zimmer begeben, als ihr eine Nässe auf der Kellertür auffiel, die ihr wie Blut vorkam. Schlimmes ahnend hob sie die Kellertür auf, bemerkte auf allen Kellerstufen teils Blutstropfen, teils größere Blutflecken, stieg nun bis zur untersten Stufe hinab und sah von hier aus in dem von Wasser angefüllten Keller in einem Winkel etwas Weißes aus der Ferne schimmern. Frau Daumer eilte zurück und forderte die Magd des Hausherrn auf, mit einem Licht in den Keller zu gehen, um nachzusehen, was darin Weißes liege. Kaum hatte diese auf den bezeichneten Gegenstand hingeleuchtet, so rief sie: «Da liegt der Kaspar tot!» – Die Magd und der Sohn des Hausherrn, der indessen ebenfalls herbeigekommen war, hoben nun Kaspar, der kein Lebenszeichen von sich gab und dessen totenbleiches Gesicht mit Blut bedeckt war, vom Boden auf und trugen ihn aus dem Keller. Oben angekommen, gab er durch ein gewaltiges Stöhnen das erste Lebenszeichen; dann rief er mit dumpfer Stimme: «Mann! Mann!» Er wurde sogleich in das Bett gebracht, wo er mit geschlossenen Augen von Zeit zu Zeit folgende abgebrochene Worte und Sätze bald schrie, bald vor sich hin murmelte:

«Mutter! – Professor erzählen – Abtritt – Mann schlagen – schwarzer Mann, wie Kuchen*) – Mutter sagen – nit funden – mein Zimmer – in den Keller verstecken.»

*) Bezieht sich auf einen Fall, wo Kaspar von dem Kaminkehrer, der in der Küche fegte, sehr erschreckt worden war.

Es überfiel ihn hierauf ein gewaltiger Fieberfrost, der bald in heftigere Paroxismen, endlich in völlige Tobsucht überging, in welcher einige starke Männer Mühe hatten, ihn zu halten. In seinen Wutkrämpfen biß er von einer Porzellantasse, worin man ihm ein warmes Getränk beizubringen suchte, ein ganzes Stück heraus und schluckte es mit dem Getränk in sich hinein. Beinahe 48 Stunden befand er sich im Zustand vollkommener Geistesabwesenheit. In seinen Delirien, während der Nacht, sprach er von Zeit zu Zeit folgende abgebrochene Sätze vor sich hin:

«Herrn Bürgermeister sagen. – Nicht einsperren! – Mann weg! – Mann kommt! – Glocke weg! – Ich nach Fürth herunter reiten. – Nicht nach Erlangen in Walfisch – Nicht umbringen, nicht Mund zuhalten, nicht sterben! – Meine Notdurft verrichten; nicht umbringen! – Hauser wo gewesen; nicht nach Fürth heute; nicht mehr fort; schon Kopfweh. – Nicht nach Erlangen in Walfisch! – der Mann mich umbringen! Weg! nicht umbringen! Ich alle Menschen lieb; niemand nichts tan. – Frau Bürgermeisterin helfen! – Mann dich auch lieb, nicht umbringen! – Warum Mann mich umbringen? ich auch gerne lebe. – Warum du mich umbringen? ich dir niemals was tan. – Mich nicht umbringen! ich doch bitten, daß du nicht eingesperrt wirst. – Hast mich niemals herausgetan aus meinem Gefängnis, du mich gar umbringen! – Du mich zuerst umgebracht, eh ich verstanden, was Leben ist. – Du mußt sagen, warum mich eingesperrt hast gehabt» und so weiter.

Die meisten dieser Sätze wiederholte er sehr oft unordentlich durcheinander.

Die von dem Untersuchungsgericht – dem die Polizeibehörde endlich jetzt die Behandlung der Hauserischen Angelegenheit überlassen hatte – unter Zuziehung des Stadtgerichts-Physikus Dr. Preu am 20. Oktober vorgenommene Besichtigung Hausers gewährte folgendes Ergebnis:

Man fand die Stirn des im Bette liegenden Hauser in der Mitte durch eine scharfe Wunde verletzt, über deren Größe und

Beschaffenheit der Gerichtsarzt nachstehendes Visum et repertum zu Protokoll gab:

«Die Wunde befindet sich auf der Stirne, $10\frac{1}{2}$ Linien über der Nasenwurzel quer auslaufend, in der Art, daß $\frac{2}{3}$ derselben auf der rechten Stirnhälfte sich befinden, das letzte Dritteil auf der linken. Die ganze Länge der in gerader Linie hinlaufenden Wunde beträgt $19\frac{1}{2}$ Linien. Gegenwärtig (20. Oktober) sind beide Wundränder miteinander vereinigt und lassen kaum noch einen Zwischenraum von $\frac{1}{4}$ Linie bemerken. Doch ist dieser am linken Ende etwas breiter als im ganzen Verlauf der Wunde; daher angenommen werden muß, daß sie hier am tiefsten eingedrungen.» – «Was die Entstehung der eben beschriebenen Wunde betrifft, so ist solche unverkennbar mit einem sehr schneidenden Instrumente mittelst Hieb oder Stoß (?) dem Hauser beigebracht worden. Die scharfen Ränder der Wunde sprechen für die scharfe Schneide des Instruments; das gleiche Auslaufen der Wunde bezeichnet deren Entstehung durch Hieb oder Stoß (?), weil, wenn die Wunde rein geschnitten worden wäre, Anfang und Ende seichter und schmäler, die Mitte aber tiefer und eben darum klaffender erscheinen müßte. Am wahrscheinlichsten ist aber ihre Entstehung mittelst Hiebs, weil beim Stoß mehr Quetschung der zunächst anliegenden Teile bemerkt worden wäre» und so weiter.

Die Wunde war, wie der Arzt erklärte, an und für sich unbedeutend und hätte an jeder andern Person leicht in sechs Tagen geheilt werden können. Allein bei Kaspars höchst reizbarem Nervensystem war er erst nach 22 Tagen von den Folgen der Verwundung genesen.

Kaspar erzählt das Ereignis im wesentlichen wie folgt:

«Am 17. hatte ich die Rechnungsstunde, die ich täglich bei Herrn E. von 11 bis 12 Uhr zu besuchen pflegte, aussetzen müssen. Ich hatte nämlich eine Stunde zuvor, als ich Herrn Dr. Preu besucht hatte, von diesem eine welsche Nuß erhalten und fühlte mich darauf, obgleich ich kaum den vierten Teil davon genossen hatte, höchst unwohl. Herr Professor Daumer, den ich hievon in Kenntnis gesetzt hatte, befahl mir, diesmal meine gewöhnliche Stunde nicht zu besuchen, sondern zu Haus zu bleiben. Herr Professor Daumer ging aus; ich verfügte mich auf meine Stube. Ich wollte mich mit Schreiben etwas beschäftigen; aber Leibschmerzen verhinderten mich daran, und ein natürliches Bedürfnis nötigte mich auf den Abtritt zu gehen. Wegen Leibreißens mußte ich mich länger als eine halbe Viertelstunde auf dem Abtritt aufhalten, wo ich zuletzt von der untern Holzkammer her ein Geräusch vernahm, demjenigen ähnlich, welches mit der Eröffnung dieser Tür gewöhnlich verbunden und mir wohl bekannt ist. Auch nahm ich vom Abtritt aus einen leisen Ton der Haustürglocke wahr, welcher mir jedoch nicht vom Anschellen, sondern von unmittelbarer Berührung der Glocke selbst herzurühren schien. Gleich nachher hörte ich leise Fußtritte vom untern Gang her, und zugleich sah ich durch den Raum zwischen der vor dem Abtritt befindlichen Tapete (spanischen Wand) und der Stiege selbst, daß eine Mannsperson aus dem Gang daherschlich. Ich bemerkte den ganz schwarzen Kopf der Mannsperson und meinte, es sei der Schlotfeger. Ich verweilte noch einen Augenblick auf dem Abtritt, um vom Schlotfeger nicht gerade im Aufstehen bemerkt zu werden. Als ich aber hierauf mich vom Sitze des Abtritts aufrichtete (und meinen Kopf, während ich meine Beinkleider wieder aufziehen wollte, aus dem engen Abtritt etwas hervorstreckte), stand plötzlich der schwarze Mann vor mir und gab mir einen Schlag auf den Kopf, in Folge dessen ich sogleich mit dem ganzen Körper auf den Boden vor dem Abtritt niederfiel. (Nun folgt die Beschreibung des Mannes, welche nicht wohl mitteilbar ist.) Vom Gesicht und von den Haaren dieses Mannes konnte ich gar nichts wahrnehmen; denn er war verschleiert, und zwar, wie ich glaube, mit einem über den ganzen Kopf gezogenen schwarzen seidenen Tuche. –

Nachdem ich geraume Zeit bewußtlos gelegen sein muß, kam

ich endlich wieder zu mir, spürte etwas Warmes mir über das Gesicht laufen und griff nach der Stirn mit beiden Händen, die hierauf blutig wurden.

Erschreckt hierüber wollte ich zur Mutter hinauf*), kam aber in der Verwirrung und Angst (denn ich fürchtete immer, der Mann, der mich geschlagen, sei noch im Haus und werde zum zweitenmal über mich kommen) statt zur Tür der Mutter an den Kleiderschrank**) vor meiner Stube. Hier verging mir das Gesicht, und ich suchte mich durch Anhalten mit der Hand am Schranke aufrecht zu erhalten***). Als ich mich erholt hatte, wollte ich abermals zur Mutter hinauf, kam aber, in weiterer Verwirrung, statt die Treppe hinauf, die Treppe herab und befand mich, zu meinem Entsetzen, wieder unten im Gang. Als ich die Kellertür erblickte, gab mir die Angst den Gedanken ein, mich im Keller zu verstecken. Die Falltür des Kellers war zu. Wie ich die Kraft erlangt habe, die schwere Falltür aufzuheben, ist mir bis zur Stunde unbegreiflich. Gleichwohl tat ich es und schlupfte in den Keller hinein****).

Durch das im Keller befindliche kalte Wasser, in das ich hinein mußte, kam ich zu besserem Bewußtsein; ich bemerkte einen trockenen Fleck auf dem Boden des Kellers und ließ mich daselbst nieder. Ich hatte mich kaum niedergelassen, als ich 12 Uhr läuten hörte, da dachte ich bei mir: Nun bist du hier so ganz verlassen, es

*) So nennt er immer seine Pflegemutter, die Mutter des Professor Daumer.

**) Jeder Schritt und Tritt Kaspars in der folgenden Erzählung wurde durch Blutspuren nachgewiesen.

***) Die Blutspuren am Schranke waren noch einige Tage zu sehen.

****) Die Wirkungen des Schreckens und der Angst, wie treffend, wahr und naturgemäß erzählt! – Daß Kaspar nicht durch die schon *offene* Kellertür in den Keller sich verkrochen, daß er selbst zuvor diese Kellertür *aufheben* mußte und wirklich aufgehoben hat, ist eine nicht zu bezweifelnde Tatsache; ebenso gewiß ist es aber auch, daß dem Schwächling Kaspar die herkulische Arbeit des Aufhebens der Kellertür zu jeder andern Zeit, unter andern Voraussetzungen, ganz unmöglich gewesen sein würde.

wird dich hier niemand finden, und du wirst hier umkommen. – Dieser Gedanke füllte meine Augen mit Tränen, bis mich Erbrechen überfiel und ich hierauf das Bewußtsein verlor. Als ich mein Bewußtsein wieder erlangt hatte, fand ich mich in meiner Stube auf dem Bette und die Mutter neben mir.»

Was die Art der Verwundung betrifft, so vermag ich (der Verfasser dieses) der Meinung des Gerichts-Arztes nicht beizupflichten. Ich habe mehrere, jedoch zu öffentlicher Mitteilung nicht wohl geeignete Gründe zu glauben, daß die Wunde Hausers weder durch Hieb noch durch Stoß, weder mit einem Säbel, noch mit einem Beil, noch mit einem Meißel, noch mit einem gewöhnlichen zum Schneiden bestimmten Messer, sondern mit einem andern scharf schneidenden, bekannten Werkzeuge zugefügt worden und daß es bei dieser Verwundung nicht auf die Stirne, sondern auf den *Hals* abgesehen gewesen, welcher aber – weil Kaspar bei Erblickung des Mannes und der nach seinem Hals sich plötzlich ausstreckenden bewehrten Faust, instinktmäßig mit dem Kopf sich bückte – vom Kinn bedeckt, den Streich von sich hinweg zur Stirn hinauf leitete. Der Täter konnte, da Kaspar sogleich blutend zusammenstürzte, sein Werk für gelungen halten und durfte auch, da er, vermöge der Beschaffenheit des Orts, jeden Augenblick befürchten mußte, von irgend jemand betroffen zu werden, nicht länger bei seinem Opfer verweilen, um nachzusehen, ob alles recht gelungen sei, und, falls es nicht gelungen wäre, das Unvollendete zu vollbringen. So kam Kaspar mit seiner Stirnwunde davon.

Bald ergaben sich auch mehre, Spuren des Täters nachweisende, Anzeigungen. Dahin gehört z. B., daß an demselben Tag, in derselben Stunde, wo die Tat geschehen, der von Kaspar beschriebene Mann gesehen worden ist, wie er aus dem Daumerschen Hause sich wieder entfernte; daß um dieselbe Zeit dieselbe von Kaspar beschriebene, wohlgekleidete Person gesehen worden ist, wie sie nicht sehr weit vom Daumerschen Hause in den auf der

Straße stehenden Wasserkufen sich die (wahrscheinlich blutigen) Hände gewaschen hat; daß ungefähr vier Tage nach der Tat ein eleganter Herr, welcher Kleider trug wie der von Hauser beschriebene schwarze Mann, sich vor den Toren der Stadt zu einer gemeinen, eben nach der Stadt gehenden Frau gesellt, sich bei dieser angelegentlich nach dem Leben oder Tod des verwundeten Hausers erkundigt hat, dann mit dieser Frau bis unter das Tor gegangen ist, wo ein die Verwundung Hausers betreffender magistratischer Anschlag zu lesen war, und, nachdem er ihn gelesen, ohne die Stadt zu betreten, sich auf höchstverdächtige Weise wieder entfernt hat und so weiter.

Wenn nun aber die Neu- oder Wißbegier des Lesers noch mehr von mir zu vernehmen wünscht; wenn er mich nach den Ergebnissen der gepflogenen gerichtlichen Untersuchung fragt; wenn er gern wissen möchte, nach welchen Richtungen hin jene Spuren geführt haben, an welchen Orten die Wünschelrute wirklich angeschlagen hat und was dann weiter geschehen und erfolgt sei – so bin ich im Falle antworten zu müssen, daß, nach den Gesetzen wie nach der Natur der Sache, ich dem Schriftsteller nicht erlauben darf, öffentlich von Dingen zu reden, welche vorderhand nur noch dem Staatsbeamten zu wissen oder zu vermuten erlaubt sind. Übrigens darf ich die Versicherung aussprechen, daß die forschende Justiz, unter Anwendung aller ihr zu Gebot stehenden Mittel, selbst der außergewöhnlichsten, ihre Pflichten ebenso rastlos als rücksichtslos zu erfüllen nicht ohne allen Erfolg bemüht gewesen ist.

Allein dem Arme der bürgerlichen Gerechtigkeit sind nicht alle Fernen, noch alle Höhen und Tiefen erreichbar, und bezüglich mancher Orte, hinter welchen sie den Riesen eines solchen Verbrechens zu suchen Gründe hat, müßte sie, um bis zu ihm vorzudringen, über Josuas Schlachthörner oder wenigstens über Oberons Horn gebieten können, um die mit Flegeln bewehrten hochgewaltigen Kolossen, die vor goldnen Burgtoren Wache stehen und so hageldicht dreschen, daß zwischen Schlag und Schlag sich unzerknickt kein Lichtstrahl drängen mag – für einige Zeit in ohnmächtige Ruhe zu bannen.

Doch was verübt' die schwarze Mitternacht
Wird endlich, wenn es tagt, ans Sonnenlicht gebracht.

VIII.

Träte Kaspar, welcher jetzt zu den gesitteten Menschen von Lebensart gerechnet werden darf, unerkannt in eine gemischte Gesellschaft, so würde er bald jedermann als eine befremdende Erscheinung auffallen. Sein Gesicht, in welchem die weichen Züge eines Kindes mit den eckigen Formen des Mannes und einigen leicht gezogenen Furchen vorzeitigen Alters, herzgewinnende Freundlichkeit mit bedächtlichem Ernst und einem leichten Anflug von Melancholie sich vermischen*); seine Naivität, zutrauliche Offenheit und oft mehr als kindische Unerfahrenheit, verbunden mit einer gewissen Art von Altklugheit und vornehmer, doch ungezwungener Gravität im Reden und Benehmen; dann die Schwerfälligkeit seiner zuweilen nach Worten suchenden, oft fremdklingenden, harten Sprache, bei der Steifheit seiner Haltung

*) Das diesem Werke beigegebene, nach dem Originalgemälde des Herrn *Greil* verfertigte Bildnis ist zwar sprechend ähnlich, zeigt aber nur den heiteren, freundlich lächelnden Kaspar. Seit Verfertigung dieses Bildnisses hat er sich merklich verändert. Sorgen, Gram und Verdruß haben die spärlichen Überreste verkümmerter Jugendblüte fast gänzlich abgestreift. Auf seiner Stirn und um die Augen bilden sich Furchen, seine Backen werden hängend, die Gesichtsfarbe spielt ins Fahle. Er ist ein im Finstern gezogenes Gewächs, das, zu spät ins Sonnenlicht gebracht, nur auf kurze Zeit die Knospen einer Blüte zeigt und bald verwelkt.

und der Ungelenkigkeit seiner Bewegungen – lassen ihn jedem beobachtungsfähigen Auge als ein Gemisch von Kind, Jüngling und Mann erscheinen, ohne daß man sobald mit sich einig werden könnte, welcher Altersstufe dieser einnehmende Mischling wirklich angehöre.

In seinem Geist regt sich nichts von Genialität, nicht einmal von irgend einem ausgezeichneten Talent*); was er lernt, verdankt er beharrlichem, hartnäckigem Fleiß. Auch jener wildlodernde Feuereifer, womit er anfangs die Pforten alles Wissens sprengen zu wollen schien, ist längst gedämpft, beinahe erloschen. In allem, was er unternimmt, bleibt er entweder beim Anfang oder bei der Mittelmäßigkeit stehen. Ohne ein Fünkchen Phantasie, unfähig, irgend einen Witz zu machen oder nur eine bildliche Redensart zu verstehen, ist er von trocknem, aber kerngesundem Menschenverstand und, bezüglich aller Dinge, die zunächst seine Person betreffen oder innerhalb des engbegrenzten Kreises seiner dürftigen Kenntnisse und Erfahrungen liegen, von so richtig treffendem Urteil und Scharfsinn, daß er damit manchen gelehrten Schulfuchs beschämen oder in Verlegenheit bringen könnte.

An Verstand ein Mann, an Einsichten ein kleiner Knabe, in manchem noch weniger als ein Kind, zeigt sein Reden und Benehmen oft eine seltsam kontrastierende Mischung von Männlichkeit und kindischem Wesen. Mit ernsthafter Miene und im Tone großer Wichtigkeit tut er nicht selten Äußerungen, die bei jedem andern desselben Alters dumm oder läppisch heißen würden, aus seinem Mund aber immer ein wehmütig mitleidiges Lächeln sich erzwingen. Ganz possierlich nimmt es sich besonders aus, wenn er von seinen künftigen Lebensplänen spricht, von der Art, wie er, wenn er einmal etwas Rechtes gelernt und Geld verdient habe, sich

*) Außer zum Reiten, das er noch immer leidenschaftlich liebt. An Gewandtheit und Eleganz im Reiten, wie im Aufsitzen und Absitzen kann er es wohl mit dem geschicktesten Stallmeister aufnehmen. Mehren unserer ausgezeichneten Offiziere ist Kaspar in dieser Beziehung ein Gegenstand der Verwunderung.

einrichten und mit seiner Frau, die er als einen notwendigen Hausrat betrachtet, es halten wolle. Unter einer Ehefrau weiß er sich nichts anders zu denken als eine Haushälterin oder Obermagd, die man so lange behält, als sie taugt, und wieder fortschickt, wenn sie öfters die Suppe versalzen, die Hemden nicht ordentlich geflickt, die Kleider nicht gehörig rein gebürstet hat und so weiter.

Mild, sanft, ohne lasterhafte Neigungen, ohne Leidenschaften und Affekte, gleicht sein immer sich gleichbleibendes, stilles Gemüt einem spiegelglatten See in der Ruhe einer Mondscheinnacht. Unfähig, einem Tier wehe zu tun, mitleidig gegen den Wurm, den er zu zertreten fürchtet, dabei furchtsam bis zur Feigheit*), wird er gleichwohl rücksichtlos, sogar schonungslos nach seinem Sinne handeln, sobald es gilt, einmal gefaßte, für Recht erkannte Vorsätze zu behaupten und durchzusetzen. Fühlt er sich in seiner Lage bedrückt, so wird er lange duldend schweigen, dem Beschwerlichen auszubeugen oder dieses durch milde Vorstellungen zu ändern suchen, endlich aber, wenn nichts helfen will, sobald dazu die Gelegenheit sich bietet, die hemmenden Bande ganz gelassen abstreifen, ohne demjenigen, der ihm damit wehe getan, dafür nachzuzürnen. Er ist gehorsam, willig, nachgebend; aber wer ihm mit Unrecht etwas schuld gibt oder als wahr behauptet, was er für unwahr hält, erwarte nicht, daß er, aus bloßer Gefälligkeit oder andern Rücksichten, in das Unrecht oder in die Unwahrheit sich bequeme; er wird bescheiden, doch immer fest, bei seinem Recht stehenbleiben und allenfalls, wenn der andere hartnäckig gegen ihn das Feld behaupten will, schweigend davongehen.

Als reifer Jüngling, der seine Kindheit und Jugend verschlafen, zu alt, um noch als Kind, zu kindisch unwissend, um als Jüngling zu gelten; ohne Altersgenossen, ohne Vaterland, ohne Eltern und

*) Besonders seit dem an ihm verübten Mordversuch.

Verwandte; gleichsam das einzige Geschöpf seiner Gattung: erinnert ihn jeder Augenblick an seine Einsamkeit mitten im Gewühl der ihn umdrängenden Welt, an seine Ohnmacht, Schwäche und Unbehilflichkeit gegen die Macht der über sein Schicksal gebietenden Umstände, vor allem an die Abhängigkeit seiner Person von der Gunst oder Ungunst der Menschen. Daher seine ihm gleichsam zur Notwehr abgedrungene Fertigkeit in Beobachtung der Menschen, sein umsichtiger Scharfblick, womit er schnell ihre Eigentümlichkeiten und Schwächen auffaßt, die Klugheit – von Übelwollenden Schlauheit oder Pfiffigkeit genannt –, womit er sich in diejenigen, die ihm wohl oder wehe tun können, zu bequemen, Anstößen auszubeugen, sich gefällig zu erweisen, seine Wünsche geschickt anzubringen, den guten Willen seiner Gönner und Freunde sich dienstbar zu machen weiß. Kinderstreiche, Mutwille, Possen sind ebenso wenig von ihm zu erzählen als Beispiele von Bosheit und Tücke; für die ersten ist er zu ernsthaft und kalt verständig, für die letzten zu gutmütig und bis zur Pedanterei rechtlich.

Einer der größten Mißgriffe in der Erziehung und Bildung dieses Menschen war unstreitig, daß man, statt ihm eine seiner Eigentümlichkeit angemessene, gemein menschliche Bildung zu geben, ihn seit einigen Jahren auf das Gymnasium schickte und ihn noch obendrein sogleich in einer höheren Klasse den Anfang machen ließ.*) Dieser arme verwahrloste Jüngling, der erst seit kurzem den ersten Blick in die Welt getan und noch nachzuholen hatte, was unsere Kinder schon an der Mutterbrust, im Schoß ihrer Wärterinnen lernen, mußte auf einmal mit der lateinischen

*) Aus welcher Lage er jedoch, während ich dieses Werkchen schrieb, durch die Großmut des edlen Grafen *Stanhope*, der ihn als seinen Pflegsohn förmlich angenommen, endlich erlöst worden ist. Er lebt jetzt zu Ansbach, wo er einem tüchtigen Schullehrer übergeben wurde, in dessen häuslicher Pflege er sich zugleich befindet. Später wird er seinem geliebten Pflegvater, unter sicherer Begleitung, nach England folgen.

Grammatik, mit lateinischen Exerzitien, mit Cornelius Nepos und endlich gar mit Caesar de bello Gallico seinen Kopf zermartern. In lateinische Schul-Schrauben eingezwängt, erlitt nunmehr sein Geist gleichsam seine zweite Gefangenschaft. Wie früher die Kerkermauern sperrten ihn jetzt die bestaubten Wände der Schulstube von der Natur und dem Leben aus; statt nützlicher Dinge gab man ihm Worte und Phrasen, deren Sinn und Beziehung er nicht zu begreifen fähig war, und verlängerte so auf das widernatürlichste von neuem seine Kindheit. Während er an dürrem Schulkram seine Zeit und seine ohnehin geringen Kräfte vergeuden mußte, darbte er fortwährend an der notdürftigsten Kenntnis von Dingen, die seine Seele nähren und erfreuen, seinem wunden Gemüt einigen Ersatz für die verlorne Jugend gewähren und ihm zur Grundlage für irgend einen künftigen Beruf dienen konnten. «Ich weiß gar nicht», sagte er öfters in Unmut und halber Verzweiflung, «wozu ich alle die lateinische Sachen brauchen soll, da ich doch kein Pfarrer werden kann und kein Pfarrer werden mag.» Als ihm einst hierauf ein Pedant erwiderte, das Erlernen der lateinischen Sprache sei ihm der deutschen Sprache wegen unentbehrlich; um gründlich Deutsch zu lernen, müsse man gründlich Latein gelernt haben, erwiderte sein gesunder Menschenverstand, ob denn auch die Römer deutsch hätten lernen müssen, um gründlich lateinisch sprechen und schreiben zu können? Wie das Latein zu Kaspar, Kaspar zum Latein paßte, mag man daraus abnehmen, daß dieser bärtige Lateiner, als er im Frühjahr 1831 bei mir lebte, noch nicht einmal die Erfahrung gemacht hatte, daß Gegenstände des Gesichts in der Entfernung kleiner scheinen, als sie wirklich sind; er war ganz befremdet darüber, daß die Bäume einer Allee, in der ich mit ihm spazieren ging, immer kleiner und niedriger seien und der Weg in der Ferne immer schmaler, so daß man am Ende gar nicht mehr hindurchgehen könne. Er hatte so etwas zu Nürnberg noch nicht beobachtet und geriet, wie über eine Zauberei, in Erstaunen, als er, mit mir die Allee hinabgehend, endlich fand, daß jeder dieser Bäume gleich hoch und der Weg überall gleich breit sei.

Das drückende Gefühl von seiner Unwissenheit, Unbehilflichkeit und Abhängigkeit; die Überzeugung, daß er nie imstande sein werde, die verlorne Jugend wieder einzubringen, seinen Altersgenossen gleichzukommen und ein in der Welt brauchbarer Mensch zu werden; daß man mit seiner Jugend ihm nicht bloß den schönsten Teil des Menschenlebens genommen, sondern auch sein ganzes übriges Leben ihm verkümmert und verkrüppelt habe; endlich zu diesem allen noch der grausenhafte Gedanke, daß dem kümmerlichen Rest seiner ihm gefristeten Tage jeden Augenblick ein unsichtbares Mordbeil, ein geheimes Banditenmesser drohe: dies ist der schwere Inhalt der seine Stirn umziehenden Trauerwolken, die, wenn äußere Anlässe sie verdichten, nicht selten in Tränen und wehmütigen Klagen sich ergießen. Zur Zeit seines Aufenthalts bei mir nahm ich ihn öfters mit mir auf meine Spaziergänge und führte ihn einst an einem freundlichen Morgen auf einen unsrer sogenannten Berge, von wo aus sich über die zu den Füßen liegende, niedliche Stadt und das liebliche, von Anhöhen begrenzte Tal eine schöne heitere Aussicht öffnet. Kaspar, anfangs von diesem Anblick sehr erfreut, wurde bald still und traurig. Meiner Frage um die Ursache seiner veränderten Stimmung antwortete er: «Ich denke mir eben, wie es doch so viel Schönes auf der Welt gibt und wie hart es für mich ist, so lange schon gelebt und nichts davon gesehen zu haben, und wie glücklich die Kinder sind, die alles dies von ihren ersten Jahren an sehen konnten und noch immer sehen können. Ich bin schon so alt, und muß noch immer lernen, was lange schon die Kinder wissen. Ich wollte, ich wäre nie aus meinem Käfig gekommen; wer mich hineingetan, hätte mich auch darin lassen sollen. Dann hätte ich von allem dem nichts gewußt und hätte nichts vermißt und hätte keinen Jammer darüber gehabt, daß ich kein Kind gewesen und so spät auf die Welt gekommen bin.» Ich suchte ihn damit zu beruhigen, daß ich ihm sagte, was die Schönheiten der Natur betreffe, so habe er nicht eben Ursache, sich in Vergleich mit unsern Kindern und mit den Menschen, die seit ihrer Kindheit auf der Welt seien, zu beklagen. Die meisten Menschen, unter diesen Herrlichkeiten aufgewachsen, betrachteten sie als etwas Gewöhnliches, Alltägliches, mit gleichgültigen Augen, nähmen diese Stumpfheit durch ihr ganzes Leben mit sich und empfänden in der Regel bei den Wundern der Natur nicht mehr als das Tier auf der Weide. Ihm aber (Kaspar), der als Jüngling in die ihm neue Welt getreten, seien diese Genüsse in aller ihrer Frische und Reinheit vorbehalten geblieben, und hierin habe er einen nicht geringen Ersatz für den Verlust der früheren Jahre und einen bedeutenden Vorzug vor andern Menschen gewonnen. Er erwiderte mir nichts und schien, wo nicht überzeugt, doch einigermaßen getröstet. Doch wird er zu keiner Zeit jemals über sein Schicksal ganz zu trösten sein. Er ist ein zartes Bäumchen, dem man seine Krone genommen, dessen Herzwurzel ein Wurm zernagt.

Bei solchen Stimmungen, in solchem Gefühl von seiner Lage mußte wohl die Religion, Glaube an Gott und gläubiges Hoffen auf die Vorsehung Eingang in seine des Trostes bedürftige Seele finden. Er ist jetzt im echten Sinne des Wortes ein frommer Mensch, spricht mit Andacht von Gott und beschäftigt sich gerne mit vernünftigen Erbauungsschriften. Aber freilich würde er auf keines der symbolischen Bücher schwören und noch weniger in einer andächtigen Gesellschaft von Hengstenberg und Compagnie sich behaglich fühlen*).

Bei Zeiten den Ammenmärchen der Wärterinnen entrückt, als Kind begraben, als reifer Jüngling zu frischem Leben auferstanden, brachte er eine von Vorstellungen leere, aber auch von allen

*) Er wurde in der Religion erzogen, zu welcher die Mehrheit der Bewohner Nürnbergs sich bekennt, nämlich in der lutherisch-evangelischen.

Vorurteilen reine, von jedem Aberglauben freie Seele mit auf die Welt des Lichts. Er, dem es anfangs so schwer war, seines eignen Geistes sich bewußt zu werden, ist noch viel weniger fähig und geneigt, gespenstige Geister sich zu denken. Über den Glauben an Gespenster spottet er als über die unbegreiflichste aller menschlichen Albernheiten und fürchtet nichts als den unsichtbaren geheimen Unheimlichen, dessen Mordwerkzeug er empfunden hat. Gäbe man ihm Bürgschaft, daß er gegen diesen Mann gesichert sei, so würde er zu jeder Stunde der Nacht auf einen Kirchhof gehen und ohne Grauen über Gräbern schlafen.

Seine Lebensweise ist jetzt fast ganz die gewöhnliche anderer Menschen. Er genießt, ausgenommen Schweinefleisch, alle Arten von Speisen, doch ohne hitzige Gewürze. Sein liebstes Gewürz blieben Kümmel, Fenchel und Koriander. Sein Getränk besteht noch immer in Wasser; nur morgens wird dieses von einer Tasse Gesundheits-Schokolade vertreten. Alle gegornen Getränke, Bier, Wein wie auch Tee und Kaffee, sind ihm fortwährend ein Greuel und würden, wollte man ihm davon einen Tropfen aufnötigen, ihn unfehlbar krank machen.

Die außerordentliche, fast übernatürliche Erhöhung seiner Sinne hat ebenfalls gegenwärtig ganz nachgelassen und ist beinahe auf das gewöhnliche Maß herabgestimmt. Er sieht zwar noch immer im Dunkeln, so daß es für ihn keine wahre Nacht, sondern nur Dämmerung gibt; doch ist er nicht mehr imstande, im Finstern, wie sonst, zu lesen oder in weiter Entfernung die kleinsten Gegenstände zu erkennen. Während er ehemals bei dunkler Nacht weit besser und schärfer sah als bei Tag, ist es jetzt umgekehrt. Gleich andern Menschen verträgt und liebt er nun das Sonnenlicht, das nicht mehr, wie sonst, seine Augen verwundet. Von der Riesenhaftigkeit seines Gedächtnisses und andern staunenswürdigen Eigenschaften ist keine Spur mehr zu finden. Nichts Außerordentliches ist mehr an ihm als das Außerordentliche seines Schicksals und seine unbeschreibliche Güte und Liebenswürdigkeit.

Anhang

Brief an Elise von der Recke

Ansbach, 20. Sept. 1828.

... Doch lieber zu dem armen Nürnberger Findling, dem guten Kaspar Hauser, an dem ich fortwährend amtlich und außeramtlich den innigsten Anteil nehme. Manches ist bei dieser noch nie erhörten Begebenheit ein Rätsel, wird es auch vielleicht, aller vereinten Bemühungen der Gerichts- und Polizeibehörden ungeachtet, immer bleiben; wenigstens waren bisher alle Versuche, dem Orte der Greueltat und ihrem Urheber auf die Spur zu kommen, ohne allen Erfolg. Aber das ist unbezweifelhaft: die Tat ist geschehen, und in Kaspar sehen wir einen 17- bis 18jährigen Wundermenschen, wie ihn die Welt noch nie gesehen, einen Menschen, der seit seiner frühesten Kindheit gleichsam begraben, vor ungefähr 6 (soll heißen: 4) Monaten zum ersten Male die Sonne gesehen und die Erfahrung gemacht hat, daß es außer ihm und dem Ungeheuer, das ihn mit Wasser und Brot auffütterte, noch andere Menschen auf dieser Erde gibt.

Er konnte, als man ihn zuerst in Nürnberg traf, nur wenige Worte sprechen, und hatte von den alltäglichsten Erscheinungen der Natur nicht die allermindeste Vorstellung, wie er z. B. in die Flamme der Lichter griff, die Nähe oder Entfernung der Gegenstände nicht zu unterscheiden wußte, Belebtes und Unbelebtes miteinander verwechselte, vielmehr diesen Unterschied ebensowenig als die Verschiedenheit der Geschlechter kannte usw. Nur mit großer Mühe konnte er vor sich hin tappen und zwar die Hände, aber die Finger einzeln nur höchst unbehilflich gebrauchen. Das Sonnenlicht verletzte ihn; der Geruch der zartesten Blumen, z. B.

der Rose, war ihm nicht nur höchst widerlich, sondern macht ihm auch große Schmerzen. Als er zuerst die Regimentsmusik aus der Ferne hörte, war er vor Entzücken außer sich, in der Nähe war sie ihm schmerzlich. Er konnte nur Wasser und Brot genießen; jedes andere Getränk, selbst Milch, und das kleinste bißchen Fleisch, erregten ihm nicht bloß Ekel und Grausen, sondern auch Fieber. Auch noch jetzt genießt er weder Fleisch noch Gemüse noch Obst.

Als ich ihn vor 2 Monaten in Nürnberg besuchte, hatte er noch nicht den Mond noch den Sternenhimmel gesehen, wußte nicht, was der Winter sei, konnte nicht begreifen und wollte nicht glauben, daß er jemals kleiner gewesen, als er jetzt ist, und hatte – was auch noch jetzt der Fall – keinen Sinn für die Schönheit einer Landschaft und der Natur überhaupt. Einzelne Blumen gefielen ihm, z. B. die Rose, wie er denn überhaupt die rote Farbe allen andern vorzieht, aber nächst Schwarz war ihm alles Grün zuwider, und er freute sich daher sehr auf den Winter, als ich ihm sagte, dann werde er diese Landschaft vor seinem Fenster nicht mehr grün, aber sehr oft und lange ganz weiß sehen, wie die Wände seines Zimmers. Was das heißt, Pflanzen wachsen, hat er vor nocht nicht langer Zeit erst dadurch gelernt, daß man Bohnen und andere Samen ihn in die Töpfe setzen ließ, und dann auf ihre Entwicklung aufmerksam machte; vorher betrachtete er alle Pflanzen als menschliche Kunstprodukte und wunderte sich, wie es doch möglich sei, daß die Menschen so viele Blumen machten, so viele Blätter auf den Bäumen ausschnitten und wozu.

Kaspar ist übrigens ein Mensch von den herrlichsten Naturanlagen, begabt mit der schnellsten Fassungskraft und einem bewundernswürdigen Gedächtnis. Seinen Durst nach Wissen, um alles das nachzuholen, wozu ihm «der, bei dem er gewesen», nichts gesagt, äußert er immer auf eine wahrhaft rührende Weise. Was er nur immer sieht, davon will er die Erklärung, und hängt diese von Begriffen ab, die ihm noch fremd sind, so sagt er traurig: «Auch das noch lernen; auch davon hat der, bei dem ich gewesen, nichts gesagt». Seine Fortschritte sind außerordentlich; wozu andere Monate oder Jahre brauchen, lernt er in Tagen. Gegenwärtig ist er schon so weit, daß kaum noch interessante psychologische Betrachtungen an ihm zu machen sind. Er spricht schon vollkommen verständlich und zusammenhängend, nur konstruiert er oft noch die Sätze wie ein Kind; seine Handschrift ist fest, beinahe schön, und vor einigen Tagen erhielt meine älteste Tochter, die ihn zu Nürnberg besuchte und dann beschenkt hatte, einen recht artigen Brief von ihm. Ganz für sich selbst fing er zu zeichnen an und machte darin bald ebenfalls bewundernswürdige Fortschritte. Sieht er einen Kunst oder Fertigkeit üben, die ihn interessiert, sogleich will er sie lernen, läßt sich zeigen, wie man es macht, ahmt es in einem oder einigen Tagen schon bis zu einer gewissen Vollkommenheit nach, gibt es aber, sobald er es gelernt hat, wieder auf. Überhaupt ist es merkwürdig, daß ihn nicht sowohl die Gegenstände des Lernens interessieren, als das Lernen selbst, das seine einzige Leidenschaft ist. Was kaum erklärbar, ist die erstaunliche Liebe zur Reinlichkeit und Ordnung, die er gleich nach seinem Erscheinen in Nürnberg äußerte, obgleich sein Leib mit einer Haut von vieljährigem Schmutz überzogen war. Alle die unzähligen Dinge, womit ihn die Nürnberger beschenkt hatten, Spielsachen, Kleidungsstücke usw., standen in seinem Zimmerchen auf das schönste symmetrisch geordnet da, als ich ihn besuchte, jedes Papierchen, das auf dem Boden lag, war ihm zuwider und wurde sorgfältig aufgehoben; an seinen oder eines andern Kleidern bemerkte er jeden Schmutzfleck, jedes Stäubchen. Die Nürnberger haben ihn mit allem Nötigen, sogar mit vielem Überflüssigen, mit modischen Fracks, Westen usw. versehen, und nun glaubt man in ihm, wenn er ausgeht, einen halben Petit-maître vor sich zu haben.

In sittlicher Beziehung ist Kaspar Hauser eine lebendige Widerlegung des Lehrsatzes von der Erbsünde. Die reinste Unschuld und Herzensgüte zeigte sich in allem seinem Tun und Reden, obgleich er von Recht und Unrecht, Gut und Böse nicht die allermindeste Vorstellung hatte. Vor Menschen hatte er durchaus keine Furcht oder nur Schüchternheit; alle waren ihm gut und alle hielt er für schön. Als ich ihm unter anderem meinen Unwillen gegen den Bösewicht äußerte, der ihn so lange gefangen gehalten, wies er mich strafend zurecht: Der, bei dem er gewesen, sei nicht bös, sondern sein Vater – so nannte er damals, als ich ihn besuchte, jeden Menschen, dessen Aufsicht er übergeben war –, der ihm zu essen und trinken gegeben. Erst seit ungefähr zwei Monaten scheint es ihm klar geworden zu sein, daß er der Gegenstand einer Missetat gewesen, und er äußerte seitdem die größte Furcht bei dem bloßen Gedanken an die Möglichkeit, seinem Kerkermeister wieder in die Hände zu fallen. Von Leidenschaften oder üblen Neigungen hat sich außer der nunmehr erwachten Eitelkeit noch nichts in ihm geäußert.

Daß die Idee von Gott dem Menschen nicht angeboren ist, sondern nur von außen entweder durch die Betrachtung der Natur oder durch Unterricht in uns kommt, zeigt sich an unsrem Kaspar ebenfalls ganz deutlich. Wie es in diesem Augenblick in dieser Hinsicht mit ihm steht, weiß ich zwar nicht; aber vor nicht langer Zeit ließ sich noch nichts wahrnehmen, woraus sich hätte schließen lassen, daß er von Gott, von einem ersten Urheber der Natur, irgendeine Vorstellung in sich habe. Die Dogmatik und die Geistlichkeit hat man glücklicherweise bis jetzt noch von ihm entfernt zu halten gewußt.

Das Aussehen Kaspars ist gesund; indessen waren seine Nerven infolge der gewaltigen Eindrücke von der unendlichen Masse neuer Dinge, die auf einmal ununterbrochen durch alle Sinne auf ihn eindrangen, äußerst reizbar, so daß man für sein Leben einigermaßen besorgt sein konnte. Jetzt ist er durch sorgsame Pflege und die zarte, anständige Behandlung seines Pflegevaters und Erziehers, des Professors Daumer, dem er übergeben worden, außer

Gefahr gestellt. Seit einiger Zeit zeigen sich an ihm die merkwürdigsten physiologischen Erscheinungen; er sieht, ohne Kakerlak zu sein, bei finsterer Nacht ebensogut als bei Tag, unterscheidet auf weite Entfernung die Gegenstände durch den bloßen Geruch usw. Seine Physiognomie hat nichts Ausgezeichnetes, und besonders wenn er spricht, gerät die ganze linke Hälfte seines Gesichts in unangenehme Zuckungen; gleichwohl übt seine Gesichtsbildung durch die in ihr ausgeprägte Unschuld und Herzensgüte einen unwiderstehlichen Zauber. Wer ihm naht, gewinnt ihn sogleich lieb. Wer übrigens glauben wollte, Kaspar müsse sich in seiner dermaligen Lage, welche äußerlich durchaus nichts zu wünschen übrig läßt, besonders glücklich fühlen, würde sich sehr irren. Er freut sich wohl abwechselnd über viele einzelne Dinge, wenn sie seine Sinne angenehm berühren oder seinem Heißhunger im Lernen Befriedigung gewähren, allein der Grundton seiner Gemütsstimmung ist eine stille Schwermut, die er, zumal jetzt, nicht selten in deutlichen Äußerungen zu erkennen gibt.

In der Geschichte seiner Gefangenhaltung und Transportierung nach Nürnberg ist manches unglaublich oder rätselhaft, gewiß auch manches unwahr. Diese Geschichte wurde ihm abgefragt zu einer Zeit, wo er fast gar keine Begriffe, keine Vorstellungen von der Natur und menschlichen Dingen, am wenigsten die gehörigen Worte dafür hatte, wo er also öfter in seinem verworrenen, dunklen Kauderwelsch etwas anderes sagte, als er sagen wollte, oder der Fragende Spielraum genug hatte, seine eigenen Gedanken, Meinungen und Hypothesen den ihm gegebenen Antworten unterzulegen. Außerdem aber habe ich Ursache zu glauben, daß der Barbar, in dessen Gewalt Hauser gewesen, ihm durch fürchterliche Drohungen über gewisse Punkte eine Lektion eingeprägt hat, welche hauptsächlich bezweckt, der Nachforschung nach dem Ort und dem Urheber der Tat den erforderlichen Leitfaden zu verstecken. Es ist wohl zu bemerken, daß Kaspar gegen alle Personen, denen er Achtung und Dankbarkeit schuldig zu sein glaubt, den unbedingtesten Gehorsam zu leisten pflegt. Erst wenn Kaspars Verstand vollkommen entwickelt und mit den nötigen sittlichen Begriffen ausgerüstet ist, wenn die Vorstellung von dem Bösewicht, mit dem er sein Leben lang gleichsam nur eine Person ausmachte, allen Einfluß auf sein Gemüt verloren hat, und wenn er durch längere Erfahrung von der Überzeugung durchdrungen ist, daß er für immer unter einem Schutze steht, gegen welchen sein ehemaliger Herr nichts vermag, erst alsdann läßt sich hoffen, mehr und anderes von ihm zu erfahren, was vielleicht zum Ziele führt.

Von der äußersten Wichtigkeit wäre es, wenn man von Anfang an ein umständliches Tagebuch über die vielen psychologischen und physiologischen Erscheinungen an Kaspar geführt hätte. Aber das fiel den Nürnberger Philistern nicht ein; ich selbst habe erst die Veranlassung dazu gegeben, daß die Bruchstücke jener merkwürdigen Erfahrungen nachträglich gesammelt werden. Überhaupt behandelten diese Nürnberger unseren Kaspar monatelang bloß als einen Gegenstand der Neugier; sein Pflegevater war ein Gefangenenwärter; wie ein fremdes Tier wurde er in Gesellschaften und Wirtshäusern zur Schau herumgeführt, war den ganzen Tag der Schaulust von Neugierigen preisgegeben, mußte an sich beständig experimentieren lassen, indem man ihm z. B. Wein und anderes dergleichen, wovon man wußte, daß es seine Natur nicht vertragen konnte, heimlich in sein Wasser goß, und er stand so in der nahen Gefahr, in kurzer Zeit geistig und körperlich zugrunde gerichtet zu werden. Daran, daß man diesen Unglücklichen der Erziehung eines gebildeten Mannes ausschließend übergeben müsse, war von dem Herrn Bürgermeister, der in seiner öffentlichen, übrigens ganz ungeeigneten, voreiligen Bekanntmachung so viel Humanität affektiert, gar nicht gedacht worden. Meine Reise nach Nürnberg gab erst der Sache eine andere Wendung, indem ich den ganzen Unfug, der mit Kaspar getrieben wurde, meinem würdigen Kollegen, dem Regierungspräsidenten Herrn v. Mieg anzeigte, diesen auf das Erforderliche aufmerksam machte und denselben veranlaßte, sogleich selbst nach Nürnberg zu reisen und sich mit eigenen Augen zu überzeugen. Hierauf erst wurde Kaspar dem Professor Daumer übergeben, der ein sehr braver und einsichtsvoller Mann ist und, sowie seine Familie, ganz für diesen außerordentlichen Zögling lebt. Bald nach dem Eintritt in das friedliche Stilleben dieser Familie wurde Kaspar ernstlich krank, gewiß nur infolge der einfältigen, unbesonnenen Behandlung, die er nach seiner Befreiung aus dem Kerker zu Nürnberg zu erleiden hatte. Sobald sich etwas mit Kaspar ereignet, was von einiger Bedeutung ist, werde ich es Ihnen, sofern es mitteilbar ist, sogleich zu schreiben nicht unterlassen ...

(Dieser Brief Feuerbachs ist nachgedruckt in: Pies, Die Wahrheit über Kaspar Hausers Auftauchen und erste Nürnberger Zeit. Saarbrücken 1956.)

Mémoire

Wer möchte wohl Kaspar Hauser sein?

Die Rechtsgelehrten haben bei der Entscheidung über Verbrechen einen Beweis aus dem Zusammentreffen der Umstände. Auch ich unternehme einen solchen, aus einer Reihe nebeneinandergestellter Vermutungsgründe zusammengesetzten Beweis, welcher freilich vor keinem Richterstuhle ein entscheidendes Gewicht haben würde, gleichwohl aber hinreichend sein dürfte, um eine sehr starke menschliche Vermutung, wo nicht vollständige moralische Gewißheit zu begründen.

Die lange Kette dieses Vermutungsbeweises bildet sich durch folgende Glieder, welche, so fein sie sind, fest ineinandergreifen.

I. Hinsichtlich des Standes desselben im allgemeinen ergibt sich aus den zu den gerichtlichen Akten gekommenen oder sonst bewahrheiteten Umständen folgendes:

1. Kaspar Hauser ist kein uneheliches, sondern ein eheliches Kind. Denn wen auch Kaspar, wenn man sich ihn als uneheliches Kind denkt, zum Vater oder zur Mutter gehabt haben möge, so gab es, wenn es darauf ankam, die Paternität oder Maternität zu verheimlichen, weit leichtere, weniger grausame und bei weitem weniger für die Beteiligten gefährliche Mittel als die ungeheure Tat der vielleicht 16–17 Jahre lang fortgesetzten geheimen Gefangenhaltung und endlich Aussetzung des Kindes. Je vornehmer eines der Eltern gewesen, desto leichter konnte das Kind auf andere Weise

entfernt werden, ohne daß es hierzu einer solchen Tat bedurfte. Leute geringen Standes und geringer Mittel hatten noch weniger Ursache, auf so gefahrvolle bedeutende Anstalten und Verrichtungen erfordernde Weise ihr uneheliches Kind zu verheimlichen. Das Brot und Wasser, das Kaspar heimlich zugebracht wurde, hätte man ihn öffentlich dürfen verzehren lassen. Kurz, man denke sich Kaspar als uneheliches Kind vornehmer oder geringer, reicher oder armer Eltern: so steht das Mittel außer allem Verhältnis zu seinem Zweck. Ganz ohne Ursache, gleichsam bloß zum Scherz, übernimmt niemand die Last eines schweren Kapitalverbrechens, zumal wenn er dabei noch obendrein die qual- und angstvolle Mühe hat, dieses Kapitalverbrechen 16–17 Jahre lang sorgfältig fortsetzen zu müssen.

2. Bei den an Kaspar begangenen Verbrechen sind Personen beteiligt, welche über große außergewöhnliche Mittel zu gebieten haben. Daß sowohl die Aussetzung Kaspars als auch der später an ihm verübte Mordversuch in einer Stadt wie Nürnberg am hellen Tage, gleichsam öffentlich geschehen konnte, dann aber alle Spuren des Täters auf einmal verschwanden; daß alle Nachforschungen, die seit nun beinahe drei Jahren mit dem rastlosesten Eifer, geleitet vom vereinten Scharfsinn der erfahrensten Justiz- und Polizeimänner, nach allen Richtungen hin unternommen wurden, in der Art fruchtlos gewesen sind, daß kein juridisch geltend zu machender Umstand entdeckt werden konnte, welcher auf einen bestimmten Ort der Haupttat oder auf eine bestimmte Person geführt hätte; daß alle öffentlichen Aufforderungen, daß das große Interesse, welches fast alle Herzen in und außer Deutschland an dem Schicksale des unbekannten Unglücklichen genommen haben, daß ein auf die Entdeckung ausreichender Spuren öffentlich ausgeschriebener Preis von 1000 fl. keine einzige befriedigende Anzeige herbeigeführt hat – alles dieses wird nur daraus erklärbar, daß mächtige und sehr reiche Personen dabei beteiligt

sind, welche über gemeine Hindernisse kühn hinwegzuschreiten die Mittel haben, welche durch Furcht, außerordentliche Vorteile und große Hoffnungen willige Werkzeuge in Bewegung zu setzen, Zungen zu fesseln und goldene Schlösser vor mehr als einen Mund zu legen die Macht besitzen.

3. Kaspar muß eine Person sein, an dessen Leben oder Tod sich große Interessen knüpfen. Dieses beweist unwidersprechlich der ebenso listig angelegte, als keck ausgeführte Mordversuch. Das Ungeheure des Mittels nötigt jeden gesunden Verstand, auf einen mit dem Mittel in Verhältnis stehenden großen Zweck zu schließen. Wer hätte das Interesse haben können, an einem armen, von fremder Barmherzigkeit lebenden Findling den Tod auf dem Schafott zu wagen, wäre nicht an diesem Findlinge weit mehr gelegen, als an irgendeinem Findlinge gelegen sein konnte. Es muß eine Person sein, deren Leben, selbst bei der entfernten Gefahr, es könne einmal ihr Stand und wahrer Name entdeckt werden, die Existenz anderer, und zwar so hoch bedeutender Personen bedrohte, daß er um jeden Preis, auf jede Gefahr hin, aus dem Wege geräumt werden mußte und daß zugleich Menschen gefunden werden konnten, die solch ein Wagstück unternahmen.

4. Nicht Rache, nicht Haß konnten Motive zur Einkerkerung, dann zur versuchten Ermordnung dieses unschuldigen harmlosen Menschen gewesen sein. Es bleibt kein anderer Beweggrund denkbar als der Eigennutz. Er wurde entfernt, damit anderen Vorteile zugewendet und für immer gesichert würden, welche von Rechts wegen nur ihm gebührten; er mußte verschwinden, damit andere ihn beerben, er sollte ermordet werden, damit jene in der Erbschaft sich behaupten konnten.

5. Er muß eine Person hoher Geburt, fürstlichen Standes sein. Dafür sprechen – seltsam genug! – doch auf die überzeugendste

Weise – merkwürdige Träume, die Kaspar zu Nürnberg gehabt hat, welche Träume nichts anderes gewesen sein können als wiedererwachte Erinnerungen aus seiner früheren Jugend. Ich bemerke hierbei zuvörderst im allgemeinen, daß Kaspar, als er diese Träume hatte, noch auf sehr niedriger Stufe geistiger Entwicklung stand, nur noch sehr unvollkommen sich äußern konnte und Träume von wirklichen Erscheinungen und Erinnerungen noch nicht zu unterscheiden vermochte. Es ist ferner zu bemerken, daß von den Gegenständen und Szenen, welche Kaspar im Traume gesehen haben will, ihm zu Nürnberg nichts Ähnliches vorgekommen sein konnte. So hatte er z. B. folgenden Traum, welchen ich ihn selbst dieser Tage von neuem niederschreiben ließ:

«Den 15. August 1828 hatte ich nachstehenden Traum. Es kam mir vor, als wäre ich in einem sehr, sehr großen Hause. Da schlief ich in einem sehr kleinen Bette. Als ich aufstand, kleidete mich ein Frauenzimmer an. Nachdem ich angekleidet war, führte sie mich in ein anderes großes Zimmer, in welchem ich sehr schöne Kommode, Sessel und ein Sofa sah. Von da führte sie mich in ein anderes großes Zimmer, worin Kaffeetassen, Schüssel und Teller waren, die wie Silber aussahen. Von diesem Zimmer aus führte sie mich in ein größeres Zimmer, in welchem sehr viele und sehr schön gebundene Bücher standen. Von diesem Zimmer aus führte sie mich einen langen Gang vor und über eine Treppe hinab. Nachdem wir die Treppe hinuntergegangen waren, gingen wir im Innern des Gebäudes einen Gang herum, an dessen Wand Porträts hingen. Aus den Bogen dieses Ganges konnte man in den Hof hinaussehen. Ehe wir den Gang ganz umgangen hatten, führte sie mich zu einem mitten im Hofe befindlichen Springbrunnen hin, an welchem ich eine sehr große Freude hatte. Von dem führte sie mich wieder zu demselben Bogen, und dann kehrten wir auf dem Bogengange denselben Weg wieder zurück bis zur Treppe. Als wir zur Treppe kamen, sah ich ein Bildnis stehen, welches in Ritterkleidung ausgeschnitten oder ausgehauen war. Das Bildnis hatte auch ein Schwert in der linken Hand. Oben am Handgriff war ein Löwenkopf angebracht. Dieser Ritter stand auf einer viereckigen Säule, welche mit der Treppe verbunden und angemacht ist. Nachdem ich den Ritter eine Zeitlang angesehen hatte, führte mich das Frauenzimmer die Treppe hinauf, den langen Gang vor und wollte mit mir zu einer Türe hineingehen. Diese Tür war aber verschlossen. Sie klopfte an, allein man machte nicht auf. Dann ging sie mit mir schnell zu einer anderen Tür, und während sie dieselbe öffnen wollte, erwachte ich.»

Das Haus in diesem Traum ist offenbar ein Schloß, ein Palast, der nach seiner äußeren Beschaffenheit und inneren Einteilung so genau beschrieben ist, daß ein Baukünstler einen Riß darnach entwerfen könnte. In der Reihe der Zimmer, welche Kaspar beschreibt, ist besonders das Bibliothekszimmer und das mit den Silberschränken bemerkenswert, welches letztere entweder eine Silberkammer oder ein fürstliches Tafelzimmer mit Buffets sein soll. Alles dergleichen hatte Kaspar, als er dieses träumte, nirgendwo in Nürnberg zu sehen Gelegenheit gehabt; Träume aber erfinden nichts und schaffen nichts, sie bilden und verarbeiten nur Stoffe, welche sie von außen empfangen haben. Das Schloß mit diesen Zimmern existiert daher gewiß irgendwo. Daß Löwenköpfe (oder Löwen?) in jenem Traumbilde öfters vorkommen, ist sehr bezeichnend.

Aus der Verbindung aller obigen Umstände geht nun zuvörderst die dringende Vermutung, ja die moralische Gewißheit hervor:

«Kaspar Hauser ist das eheliche Kind fürstlicher Eltern, welches hinweggeschafft worden ist, um anderen, denen er im Wege stand, die Sukzession zu eröffnen.»

II. Die Gefangenhaltung Kaspars insbesondere betreffend, so stellt sich dieselbe, von einer Seite betrachtet, als das an dem Unglücklichen begangene Hauptverbrechen, derjenige, der ihn gefangen hielt und ernährte, als ein Bösewicht dar. Bei diesem Gesichtspunkte blieb von Feuerbach in seinem neulich erschienenen Werkchen ‹Kaspar Hauser› stehen, weil er dem Publikum hierüber nicht zu viel sagen durfte, um nicht noch mehr sagen zu müssen. Auf den Seiten 40ff. erlaubte er sich, nur auf das Wahre, das hinter dem Scheine des dem Auge zunächst sich hervorkehrenden Verbrechens verborgen ist, hinzudeuten und die weiteren Schlüsse daraus dem Scharfsinn des Lesers zu überlassen. Die ganze Wahrheit ohne Schminke und ohne teilweise Verhüllungen zeigt sich aber in folgendem:

1. Kaspar wurde freilich gefangengehalten und spärlich ernährt. Aber man hat auch Beispiele von Menschen, welche gefangengehalten wurden, nicht in verbrecherischer, sondern in wohltätiger Absicht, nicht um sie zu verderben, sondern um sie zu retten, ihr Leben gegen ihre Verfolger in Sicherheit zu bringen. Die Art und Weise, wie Kaspar gefangengehalten wurde, hat offenbar diesen Charakter.

Kaspars Verwahrungsort war ein kleines gewölbtes Gemach, das sehr gesund gewesen sein muß, weil Kaspar sich nicht erinnert, jemals krank gewesen zu sein oder Schmerzen empfunden zu haben. Dieses Gemach war sehr reinlich gehalten; denn Kaspar, der außer seinem Wächter kein anderes lebendes Geschöpf kannte, hat nicht einmal mit einem lebenden Ungeziefer Bekanntschaft zu machen Gelegenheit gehabt. Keine Ratte, keine Maus, keine Spinne, keine Fliege ist ihm während seiner Haft jemals zu Gesicht gekommen. Auch an seinem Körper wurde er äußerst reinlich gehalten; er spürte nie Ungeziefer an sich; es wurde ihm, während er schlief, die Wäsche gewechselt, es wurden ihm die Nägel geschnitten, er wurde wahrscheinlich auch von Zeit zu Zeit gewaschen. Kaspar erinnert sich nicht, jemals lange Nägel gehabt oder irgendeinen Schmutz an seinem Körper oder an seinen Hemden, die immer blendend weiß und von nicht grober Leinwand gewesen, bemerkt zu haben. Er erhielt immer regelmäßig sein Brot und Wasser; das Brot aber bestand in einem sogenannten Kipf von gemischtem Mehl, mit Fenchel und Koriander bestreut und war mit Einschnitten versehen, damit bequem die einzelnen Stückchen abgebrochen werden möchten.

Es war sogar, soviel möglich, für einige Beschäftigung und Unterhaltung des Kindes gesorgt; zwei hölzerne Pferde und ein hölzerner Hund und seidene bunte Bänder waren ihm zum Spielzeug gegeben. Alles dieses beweist Sorgfalt, Milde, Menschlichkeit. Wäre die Absicht gewesen, den Unglücklichen für immer der Welt zu entziehen, warum hat ihn der Geheime, der ihn in seiner Gewalt hatte, nicht lieber ganz aus der Welt geschafft? Jener Unbekannte, der den Kaspar verborgen hielt, mischte zuweilen Opium unter das Wasser, damit er fest schlafe, wenn er gereinigt werde. Warum nicht einige Gram Opium mehr, damit er auf ewig einschlafe? In dem Kerker, in welchem der Lebende so lange verborgen war, konnte noch leichter der Tote verborgen liegen.

Aber warum so karge Kost? Warum nur Wasser und Brot? Höchst wahrscheinlich nur darum, weil derjenige, welcher den Unglücklichen verborgen hielt, ihn auf andere Weise nicht ernähren konnte, ohne Aufsehen zu erregen. Wasser und Brot konnte er unbemerkt bei Nacht seinem Gefangenen zutragen; nicht aber warme Speise. Das Schicksal eines Mannes aus der Familie des Grafen Stanhope kann hiermit in Vergleichung gestellt werden. Es war, wie ich glaube, der Ur-Urgroßvater des Grafen Stanhope; dieser war von Cromwell geächtet und wurde, bis ihm die Flucht gelang, von seiner ihn zärtlich liebenden Tochter in einem Grabgewölbe verborgen gehalten, wo sie ihn mit einzelnen Brocken, die sie beim Essen heimlich zu sich steckte, auf eigene Lebensgefahr kümmerlich ernährte.

Daß Kaspar für den Mann, «bei dem er immer gewesen», noch immer eine große Zuneigung fühlt, mit Liebe und Dankbarkeit über ihn sich äußert, immer nur bittet, man möge diesen Mann, wenn man ihn entdecke, mit Strafe verschonen, ist ebenfalls ein Umstand, welcher, mit den obigen Tatsachen zusammengenommen, den sicheren Schluß begründet:

«Der Mann, der unsern Kaspar gefangenhielt, war sein Wohltäter, sein Retter; er hielt ihn gefangen, um ihn vor seinen Verfolgern, vor denen, die ihm nach dem Leben trachteten, zu verbergen.»

2. Wenn in Kaspars Person aus irgendeiner hohen oder nur aus einer vornehmen, angesehenen Familie ein Kind verschwunden wäre, ohne daß man über dessen Tod oder Leben und wie es hinweggekommen, etwas in Erfahrung bringen könne, so müßte längst offiziell bekannt sein, in welcher Familie dieses Unglück sich ereignet habe. Denn das Verschwinden eines Kindes ist eine offenkundige, Aufsehen erregende Tatsache. Da nun aber seit Jahren, und unerachtet Kaspars Schicksal weltbekannt geworden, nicht das mindeste von einer Familie bekannt geworden, aus welcher vor ungefähr 17–20 Jahren ein Kind heimlicherweise abhandengekommen und verschwunden sei, so ist Kaspar nur unter den Toten zu suchen:

«Ein Kind wurde für tot ausgegeben, wird noch jetzt für tot gehalten, lebt aber noch in der Person des armen Kaspar.»

Dieser Umstand, mit den vorhergehenden zusammengereiht, kombiniert sich zu folgender mutmaßlicher Geschichte:

«Das Kind, in dessen Person der nächste Erbe oder der ganze Mannesstamm seiner Familie erlöschen sollte, wurde heimlich zur Seite geschafft, um nie wieder zu erscheinen. Um aber den Verdacht eines Verbrechens zu entfernen, wurde diesem Kinde, welches vielleicht, als es beseitigt wurde, gerade krank zu Bette gelegen hatte, ein anderes bereits verstorbenes oder sterbendes Kind untergeschoben, dieses alsdann als tot ausgestellt und begraben und so Kaspar angeblich in die Totenliste gebracht.

War der Arzt des Kindes mit im Spiel, hatte er den Auftrag, das Kind umzubringen, fand er jedoch entweder in seinem Gewissen oder in seiner Klugheit Gründe, den Auftrag scheinbar zu vollziehen, aber das Kind heimlich beim Leben zu erhalten, so konnte dieser fromme Betrug auf das leichteste vollzogen werden.

Zwischen dem Zeitpunkte des vorgespielten Todes und der Einkerkerung Kaspars liegt übrigens, wie sehr wahrscheinlich, ein nicht unbeträchtlicher Zwischenraum. Mancherlei führt nämlich auf die dringende Vermutung, daß Kaspar, nachdem er zum Schein in Deutschland gestorben war, nach Ungarn geschafft worden ist, dort die ersten Kinderjahre in der Freiheit verlebt hat und erst alsdann, um ihn vor naher Todesgefahr zu retten, eingekerkert worden ist.

Was nun endlich?

III. die Frage betrifft, in welch hohe Familie Kaspar gehören möge,

so ist nur ein Haus bekannt, auf welches nicht nur mehrere zusammentreffende allgemeine Verdachtsgründe hinweisen, sondern welches auch durch einen ganz besonderen Umstand speziell bezeichnet ist, nämlich – die Feder sträubt sich, diesen Gedanken niederzuschreiben – das Haus B(aden).

Auf höchst auffallende Weise, gegen alle menschliche Vermutung, erlosch auf einmal in seinem Mannesstamme das alte Haus der Z(ähringer), um einem bloß aus morganatischer Ehe entsprossenen Nebenzweige Platz zu machen!

Dieses Aussterben des Mannesstammes ereignet sich nicht etwa in einer kinderlosen, sondern – seltsam genug! – in einer mit Kindern wohlgesegneten Familie. Was noch verdächtiger – zwei Söhne waren geboren; aber diese beiden Söhne starben, und nur sie starben, während die Kinder weiblichen Geschlechts insgesamt bis auf den heutigen Tag noch in frischer Gesundheit blühen. Die

Frau Großherzogin S(tephanie) ist eine wahrhaft zweite Niobe, nur mit dem Unterschied, daß Apollos tötendes Geschoß ohne Unterschied Söhne und Töchter traf, dort aber der Würgeengel an allen Töchtern vorüberging und nur die Söhne erschlug.

Und nicht bloß seltsam genug, sondern einem Wunder ähnlich ist es, daß der Würgeengel schon gleichsam an der Wiege beider Knaben steht und diese mitten aus der Reihe der Schwestern herausgreift. Zwischen den beiden Prinzessinen L(ouise) und J(osephine) stirbt der erstgeborene Prinz N. N. am 16. Oktober 1812, zwischen den Prinzessinen J(osephine) und M(arie) stirbt am 8. Mai 1817 der Prinz A(lexander). Diese Sterbefälle widerstreiten fürwahr jeder physiologischen Wahrscheinlichkeit. Wie wäre es erklärbar, daß eine Mutter demselben Vater lauter gesunde Töchter und als Söhne nur Sterblinge gebiert? In dieser ganzen Begebenheit scheint so viel System, so viel Berechnung hindurch, wie sie nicht dem Zufalle, sondern nur menschlichen Absichten und Planen zuzutrauen ist. Oder man müßte glauben, die Vorsehung selbst habe einmal in den gewöhnlichen Lauf der Natur eingegriffen und Außerordentliches getan, um einen coup de politique auszuführen.

Wer bei dem Aussterben des Mannesstammes in der Linie des Gr(oßherzogs) K(arl) das nächste, das unmittelbarste Interesse hatte, war unstreitig die Mutter der Herrn Grafen H(ochberg) mit ihren Söhnen. Denn waren die Kinder aus morganatischer Ehe für sukzessionsfähig anerkannt und war der Mannesstamm im Hause des Gr(oßherzogs) K(arl) untergegangen, so mußte wohl nach kurzer Zeit die Sukzession an die H(ochbergsche) Familie kommen.

Die Gräfin H(ochberg) wird überdies als eine Dame bezeichnet, welche gegen die Gemahlin des Gr(oßherzogs) K(arl) tiefen Haß getragen, welche dabei von unbegrenztem Ehrgeiz und eines solchen Charaters sei, der sie um die Mittel zu ihren Zwecken wenig verlegen machte.

Nun aber komme ich zu einem Umstande, der an sich selbst so klein und unbedeutend ist, daß er sich lange Zeit der Aufmerksamkeit entzog, bis er durch Zusammenhaltung mit einigen genealogischen Tatsachen, nach welchen der Verfasser dieser Schrift lange vergebens gestrebt hatte – sie sind ihm erst vor einigen Wochen aus Frankfurt mitgeteilt worden – seinen Verdacht bis zur moralischen Gewißheit steigerte. In dem Briefe, welcher dem armen Kaspar bei seiner Aussetzung in die Hand gegeben worden ist, in Verbindung mit der Einlage zu jenem Briefe (vgl. Feuerbachs Schrift über Kaspar Hauser, S. 15 ff.) sind unter anderen folgenden Angaben enthalten:
Es sei

1. Kaspar geboren am 30. April 1812;

2. er sei dem Unbekannten gelegt worden am 7. Oktober 1812.

Hiermit treffen nun bis auf unbedeutende, leicht erklärbare Abweichungen, die verhängnisvollen Epochen der Geburt und des Todes beider Prinzen, besonders aber des erstgeborenen N. N. wunderbar zusammen. Nämlich:

1. der Prinz N. N. ist geboren im Jahre 1812, gestorben im Jahre 1812. In demselben Jahre 1812 ist, nach jener Angabe, Kaspar geboren und auch in demselben Jahre 1812 angeblich als Findelkind dem Unbekannten gelegt worden (d.h. aus seiner Familie verschwunden und in die Gewalt des Unbekannten gekommen).

2. Selbst der Monat des Todes des Prinzen N. N. trifft mit dem Monat der angeblichen Aussetzung des Kindes Kaspar bei jenem Unbekannten überein. Der Oktober ist für beide verhängnisvoll; in diesem Monat desselben Jahres stirbt Prinz N. N. und wird Kaspar ausgesetzt.
   Nun ist zwar

3. nicht nur eine kleine Differenz in dem Monats-Tag – dort der 16. Oktober, hier der 7. Oktober –, sondern auch eine Abweichung in den Geburts-Tagen, indem der Prinz am 29. September geboren wurde, Kaspar aber am 30. April zur Welt gekommen sein soll. Allein jene Differenz zwischen dem 7. und 16. desselben Monats ist an sich höchst unbedeutend und leicht erklärbar, dagegen ist wieder

4. der 30. April, welcher dem Kaspar als Geburtstag beigelegt wird, von höchster Bedeutung. Dieser ist nämlich gerade der Geburtstag des zweiten Prinzen A(lexander).

Die Ursachen dieser Übereinstimmungen und Abweichungen sind nicht schwer zu erklären. Es ist leicht möglich, daß der Unbekannte, der von dem Geburts- und angeblichen Todesjahr Kaspars im allgemeinen gute Kenntnis hatte, in den einzelnen Datis sich im Irrtum befand, den Geburtstag des zweiten Prinzen (30. April) mit dem des ersten verwechselte und sich, während ihm der Oktober als Sterbe-Monat noch im treuen Gedächtnis lag, nur in dem Monats-Tag vergriff (statt des 16. Oktobers der 7. – ein unbedeutender Unterschied von 8 bis 9 Tagen).

Indessen scheint mir die Abweichung ganz absichtlich aus guten Gründen geschehen zu sein.

Derjenige, der unsern Kaspar in Gewahrsam hatte, ihn nach Nürnberg brachte oder schaffte und den Brief nebst Beilage schrieb oder schreiben ließ, war höchstwahrscheinlich ein katholischer Geistlicher oder Klostergeistlicher. Diesem, der auch, wie die demselben mitgegebenen geistlichen Büchlein bekunden, für Kaspars Seelenheil besorgt war, mußte es eine große Verruchtheit dünken, den Unglücklichen ohne allen Ausweis über seine Geburt in die Welt zu stoßen. Wäre aber dieser Mann dem rechten Datum in allem vollkommen getreu geblieben, so mußte er mit Recht eine nur zu schnelle Entdeckung befürchten. Um daher in der Hauptsache bei der Wahrheit zu bleiben, ohne das Geheimnis zu verraten, mußte der Wahrheit etwas Lüge beigemischt werden, und so wurde denn, um auch so noch von der Wahrheit so wenig als möglich abzuweichen, bloß ein Datum im richtig angegebenen Monat (Oktober) um einige Tage zurückgeschoben und ihm nebenbei der 30. April aus dem Leben seines jüngeren Bruders beigelegt.

Nicht unbedeutend ist es, daß nicht lange nach dem Erscheinen Kaspars zu Nürnberg sich das Gerücht – und zwar von B(aden) her – verbreitete, Kaspar sei ein für tot ausgegebener Prinz des B(aden)schen Hauses, und zwar ein Sohn der Gr(oßherzogin) S(tephanie); daß dieses Gerücht von Zeit zu Zeit wieder lauter geworden ist, am lautesten aber in der neuesten Zeit; daß neuerlich in der Form einer angeblichen Geistererscheinung, von welcher öffentliche Blätter erzählten, die Behauptung angedeutet wurde, die Familie H(ochberg) besitze durch Usurpation den Thron, es sei noch ein echter Prinz am Leben; daß sogar erst vor einigen Tagen, aus einer Stuttgarter Zeitung, in einem Augsburger Blatt die Behauptung zu lesen war, Kaspar Hauser sei der mutmaßliche Prätendent von B(aden). Gerüchte sind freilich nur Gerüchte, sind aber darum nicht zu verachten; sie fließen oft aus sehr echten Quellen; sie haben, wo es geheime Verbrechen gilt, häufig darin ihre Entstehung, daß der eine oder andere Mitwissende geplaudert hat, mit seinem Vertrauen zu freigebig gewesen oder sonst eine verräterische Unvorsichtigkeit begangen hat, oder weil ein Mitschuldiger, um sein Gewissen zu erleichtern oder um sich wegen getäuschter Hoffnungen zu rächen und dergleichen, im stillen die Entdeckung der Wahrheit herbeizuführen sucht, ohne an sich selbst zum Verräter werden zu müssen und so weiter. Aus diesen Gründen zählen die Rechtsgelehrten auch Gerüchte (die famam publicam) zu den Anzeigungen (Indizien) von Verbrechen und deren Urhebern oder Teilnehmern.

Einige wichtige Actenstücke

den

unglücklichen Findling

Caspar Hauser

betreffend.

Zur Berichtigung

des Urtheils des Publicums

über denselben

mitgetheilt

von

Herrn Staatsrath und Appellationsgerichts-Präsidenten

von Feuerbach

in Ansbach

für Hitzigs Annalen der deutschen und ausländischen Criminalrechtspflege und daraus besonders abgedruckt.

Berlin,
bei Ferdinand Dümmler.
1831.

I.

Gutachtlicher Bericht

des

Dr. Osterhausen

den Kaspar Hauser betreffend

Nürnberg, den 30. Dezember 1830

Dem mir*) von Einem Königl. Kreis- und Stadtgericht Nürnberg erteilten Auftrag,

«die Personal-Beschreibung des *Kaspar Hauser*, soviel nur immerhin möglichst zu vervollständigen»,

leiste ich hiemit schuldige Folge. Zugleich bitte ich aber, Ein Königl. Kreis- und Stadtgericht wolle mir gütigst Nachsicht schenken, daß ich mit Erstattung dieses Berichtes, aus Mangel an Zeit, wegen meiner dermalen überhäuften praktischen Geschäfte, länger, als ich gesollt hätte, gezögert habe.

Ich habe den *Kaspar Hauser* ungefähr drei Wochen nach seiner Hieherkunft kennen gelernt, ihn seitdem häufig zu beobachten Gelegenheit gehabt und auch einige Mal ärztlich behandelt; und glaube also instand gesetzt zu sein, eine der Wahrheit getreue Schilderung seines physischen und psychischen Zustandes liefern zu können. Auch habe ich, dem mir erteilten Auftrage gemäß, aufs neue, in Gegenwart des Königl. Kreis- und Stadtgerichts-Rates, Freiherrn *von Röder*, eine genaue Untersuchung mit ihm vorge-

*) In Folge besonderen Befehls des Königl. Appellationsgerichts des Rezat-Kreises.

nommen und werde nun alles, was ich wahrgenommen habe, getreulich berichten.

Kaspar Hauser ist ein junger Mensch, dem Ansehen nach zwischen 17 bis 19 Jahren, von untersetzter Statur. Als er hierher kam, war sein Maß 4 baierische Schuh, 9 Zoll. Gegenwärtig ist solcher 5 Schuh, 4 Zoll. Seine Körper-Konstitution ist zwar nicht schwächlich, jedoch nicht von der Kräftigkeit, welche dem jugendlichen Alter eigentümlich ist. Seine Haut ist sehr fein und blond, so wie auch die weichen, in Locken gekräuselten, blonden Haare. Sein Gesicht sowie sein ganzer Körperbau sind regelmäßig gebildet. Die Stirn ist etwas gewölbt und von proportionierter Höhe. Seine blauen Augen sind der Spiegel seines innern Menschen. Die Nase ist herabgebogen. Die Wangen sind sehr zart und rot gefärbt. Sein Mund ist regelmäßig; das Kinn ist mit weichen feinen Härchen besetzt. Seine Physiognomie hat den Ausdruck von Gemütlichkeit, Offenheit und kindlicher Unbefangenheit.*) Noch nie ist der Fall vorgekommen, daß von den vielen Hunderten jeden Standes vom In- und Auslande, welche ihn gesehen und beobachtet haben, irgend jemanden auch nur der leiseste Gedanke an die Möglichkeit eines Betrugs aufgestiegen wäre. Seine offenen, freundlichen, unbefangenen Gesichtszüge haben selbst diejenigen, die eine vorgefaßte Meinung gegen ihn mitbrachten, sogleich beim ersten Blick für seine Person eingenommen.

*) Aber auch Melancholie, oder vielmehr Wehmut sind in seinen Zügen deutlich zu lesen. Er fühlt, daß er in dieser Welt ein Fremdling, gleichsam das einzige Geschöpf seiner Gattung ist: was er bei verschiedenen Veranlassungen, auf seine Weise, unter heißen Tränen äußert. Nachdem er in dem Hause des Herrn Prof. *Daumer*, der den Unglücklichen in Pflege und Erziehung genommen hatte, das Familienleben zwischen Mutter, Sohn und Schwester beobachtet und man ihm (der noch *gegenwärtig* mit den eigentlichen Geschlechtsverhältnissen unbekannt ist) einigermaßen die Worte ‹Mutter›, ‹Bruder›, ‹Schwester› erklärt hatte, verfiel er in tiefes Nachdenken. Nicht lange nachher traf man ihn in Tränen gebadet und in fieberhaftem Zustande. Auf die Frage, was ihm begegnet sei, antwortete er schluchzend: «Ich (habe) keine Mutter, keinen Bruder, keine Schwester.» A. v. F.

Der Hals hat das richtige Verhältnis, weder zu dick noch zu lang. Die Brust ist breit und gewölbt; der Bauch platt, nicht fett. Die Genitalien sind nun völlig ausgebildet und die Scham ziemlich behaart. Die obern und untern Gliedmaßen haben das richtige Verhältnis zu dem Körper. Hausers *Muskeln* überhaupt, und also auch jene seiner Arme und Schenkel, waren, als er hieher kam, *sehr schlaff, schwach und ungeübt.* Seine *Hände* waren so *weich* und *fein* wie die eines Kindes*); und *ebenso weich und fein war auch die Haut seiner Fußsohlen und der Zehen. Nicht die geringste Spur einer Härte oder Schwiele war an denselben zu bemerken; die Zehen waren nicht verbogen,* so wie der ganze Fuß fein, aber normal gestaltet war; er kam mit ganz wunden Fußsohlen hier an. Bei der Schwäche seiner Muskelkraft wurde ihm das Gehen und Stehen sehr beschwerlich, und er fühlte sich von jeder körperlichen Anstrengung bald ermüdet. Sein Gang, sowie die Haltung seines Körpers, war schwankend und unsicher**); und beim Treppen-Auf- und Absteigen mußte er geführt werden. Als ihm, nach mehreren Monaten seines Hierseins, wo er schon sicherer gehen konnte, zum ersten Male Stiefeln angezogen wurden, worüber er große Freude hatte, benahm er sich so ungeschickt, daß er, bis er sich daran gewöhnt hatte, öfters zu Boden fiel. Erst nach und nach, das heißt, ungefähr in dem Zeitraum eines Jahres, und besonders, nachdem er sich an den Genuß gekochter Speisen gewöhnt hatte, erlangten seine Muskeln mehr Festigkeit und

*) Als ich den Kaspar Hauser am 11. Juli 1828 (er war am 26. Mai desselben Jahres zu Nürnberg erschienen) zum ersten Mal besuchte, bemerkte ich zugleich, was seine Hände betrifft, eine auffallende Ungelenkigkeit derselben. Er hielt die Finger, besonders der linken Hand, immer auseinander gespreizt und steif nach innen gekrümmt, so daß sie wie gelähmt schienen. Wo wir andern einzelne Finger brauchen, dazu bediente er sich immer der ganzen Hand. A. v. F.

**) Und mehr dem Tappen eines aufrecht gehenden Bären als dem Gang eines Menschen zu vergleichen; bei jeder Unebenheit, welcher sein Fuß begegnete, war er in Gefahr zu fallen. Auch mußte er auf dem Straßenpflaster entweder geführt werden oder mit einem Stock sich forthelfen. A. v. F.

Stärke. Der ungehinderte Gebrauch, den er nun von ihnen machen konnte, mäßige Leibesübungen, welche mit ihm vorgenommen wurden, und besonders die Gelegenheit, sich auf der hiesigen Reitschule zu üben, trugen allerdings das ihrige dazu bei. Daß ihn das Reiten – zwar nicht auf den harttrabendsten Pferden – denn er ritt und reitet immer schulgerechte Pferde – am wenigsten ermüdet und immer wohltätig auf sein Befinden einwirkt, ist wahr; aber daß er, wie in einer neuerlich erschienenen Druckschrift angegeben wird, vom ersten Augenblick ein sehr guter, sattelfester Reiter war, ist eine falsche Angabe. Hauser brauchte drei Wochen Zeit, bis er allein nur auf dem Pferde sitzen konnte, und mußte, um nicht herabzufallen, mit dem Pferde im Schritt herumgeführt und dabei auf jeder Seite von einer Person festgehalten werden.

Noch gegenwärtig sind seine Muskeln nicht von gleicher Stärke; nur diejenigen – die Schenkelmuskeln –, welche durch das Gehen geübt werden, besitzen die mehrste Kraft; die Armmuskeln hingegen sind bei weitem weniger kräftig. Er würde das Ringen mit einem Knaben von 12 bis 14 Jahren kaum aufnehmen können. *Auch ist es ihm, ohne zu fallen, nicht möglich, auf einem Fuße zu stehen, den andern zu heben und mit demselben eine streckende oder drehende Bewegung zu machen oder ihn zu biegen.*) Seine Fußsohlen* sind noch immer *ohne Schwielen* und haben eine feine, weiche Haut. Noch jetzt, wenn er nur eine halbe Stunde lang anhaltend geht, bekommt er fast jedesmal *Blutblasen* auf denselben. Seine Knochen haben die naturgemäße Festigkeit und sind völlig ausgebildet. Seine *Nerven* befanden sich in dem ersten Zeitraum seines Hierseins in dem Zustand einer krankhaft erhöhten Reizbarkeit und sind auch jetzt noch sehr reizbar und für jeden Eindruck leicht empfindlich. Ebenso waren auch die *Sinnorgane* Hausers in einem ungewöhnlich hohen Grade reizbar und empfindlich.

*) Ebenso unmöglich ist ihm die Bewegung des Laufens, Hüpfens und Springens. A. v. F.

Das *Gehör* war so empfindlich, daß ihm jeder laute Schall Schmerzen im Ohr verursachte, z. B. das Spiel auf einem Flügel; ungeachtet er an der Musik ungemein viel Vergnügen fand und er sich darin zu üben suchte, konnte er es nicht aushalten. Als er einmal die hiesige Regimentsmusik hörte, wirkte diese so nachteilig auf ihn ein, daß er zwei Tage lang krank wurde. Auch noch gegenwärtig hat sich diese Empfindlichkeit nicht ganz verloren. Helle und schmetternde Klänge, z. B. das Klingen an einem Glase, der Schall einer Trompete, verursachen ihm die unangenehmste Empfindung. Es steigt ihm eine Röte im Gesicht auf, und auf der Stirne bricht Schweiß aus.

Sein *Sehorgan* war so scharf, daß er bei Nacht lesen und die entferntesten Gegenstände deutlich unterscheiden konnte. So z. B. geschah es einmal, daß er an einem Tuche die dunkelblaue Farbe von der dunkelgrünen richtig zu unterscheiden wußte. Um ihn zu prüfen, wurde ihm einmal in der Dunkelheit ein gemalter Bilderbogen, jedoch ohne daß er es bemerken konnte, umgekehrt vorgelegt und ihm aufgegeben, zu sagen, welche Bilder darauf seien. Er entgegnete aber: «Wie kann ich dies sagen, der Bogen liegt ja umgekehrt.» Das Tageslicht tat ihm wehe, und helles Sonnenlicht konnten seine Augen nicht ertragen. Er litt daher häufig an Augenentzündungen und mußte beständig einen Lichtschirm und beim Ausgehen eine Kappe mit einem Schirm tragen; in seinem Zimmer mußten die Vorhänge immer zugezogen bleiben. Man könnte diesen Zustand eine *Tagblindheit* nennen.*) Nach und nach hat sich diese Lichtscheu verloren, und seine Augen sind jetzt mehr an das Tageslicht gewöhnt. Er kann jetzt nicht mehr im Finstern lesen oder Farben unterscheiden und sieht jetzt weiter und schärfer am Tage in die Ferne, da er dies sonst nur in der Abenddämmerung tun konnte. Seine Augen sind aber noch immer

*) Alle diese Erscheinungen beweisen, daß er, wie von ihm erzählt wird, in einem *dunkeln* Kerker sein Leben zugebracht habe. A. v. F.

sehr empfindlich. Wenn er z.B. auf einem Gegenstand lange sieht oder klein gedruckte Schrift liest, so verursacht ihm dies Augenschmerzen; die Augen tränen, und wenn er sie etwas lange damit anstrengt, so entzünden sie sich. Er kann sich daher in der Zeichenkunst, zu der er viel Talent und Lust hat, nicht mehr üben.

Die Feinheit und Schärfe seines *Geruchsorgans* verursachte ihm die mehrsten Beschwerden, weil er von den feinsten, jedem andern unbemerkbaren Gerüchen affiziert wurde. So z. B. war ihm der Geruch von den Ausdünstungen der Blätter eines Nußbaumes, in einem benachbarten Garten, höchst widrig und verursachte ihm Kopfschmerzen. Er kam einmal in die Nähe des hiesigen Gottesackers*); und schon in einer Entfernung von mehreren hundert Schritten von demselben stieg ihm ein so widriger Geruch in die Nase, daß er ihn nicht aushalten konnte. Es brach ihm über den ganzen Körper der heftigste Schweiß aus, und er wurde davon krank. Auch gegenwärtig ist dieser Sinn noch sehr fein, jedoch bei weitem nicht mehr wie vorhin; er kann nun Gerüche jeder Art vertragen und empfindet nicht mehr den nachteiligen Einfluß derselben auf sein Befinden.

Sein *Geschmackssinn* vertrug sonst nichts als Wasser und Brot; alles andere war ihm ekelhaft. Dieser Ekel vor andern Genüssen hat sich nun verloren. Sein Geschmackssinn hat aber noch dieses Besondere, daß er durch denselben, sowie durch den Geruch, bestimmen kann, was ihm schädlich ist. Denn genießt er etwas, was ihm widrig schmeckt oder riecht, so wird er sicher davon krank.

*) In dessen Nähe er noch nie gekommen war. Auch wußte er damals noch nicht, was ein Gottesacker, noch was Tod und Sterben sei.
Bei einer andern Gelegenheit roch er aus der weitesten Entfernung das Aas eines Hundes. Der Geruch von Blumen war ihm ebenso unangenehm und wirkte nicht minder heftig auf seine Nerven, wie jeder andere. Als er einst mit seinem Begleiter in der Stadt umherging, blieb er plötzlich stehen und fing, während der Angstschweiß auf seine Stirne trat und seine Gesichtsfarbe sich veränderte, am ganzen Leibe zu zittern an, wobei er sich über einen entsetzlichen Gestank beklagte, der ihm den Kopf zerreiße. Die Ursache hiervon war eine noch ziemlich weit von ihm entfernte *Apotheke.* A. v. F.

Sein *Tastsinn* zeigte besonders auffallende Eigenheiten. Er konnte z. B. alle ihm bereits bekannte Metalle, wenn sie unter einem Bogen Papier verdeckt lagen und er in einiger, etwa zwei bis drei Zoll betreffenden, Entfernung den Zeigefinger über den Bogen Papier hin und her bewegte, durch den Eindruck, den das Metall auf sein Gefühl machte, richtig unterscheiden. Das Gold, wie er sich auszudrücken pflegte, zog ihn am meisten an und verursachte ihm unangenehme Empfindungen. Wenn ihn jemand bei der Hand faßte, so erregte diese Berührung in seiner Hand fast von jeder Person ein eigenes, von den mehrsten aber ein widriges Gefühl. Seitdem er sich an Fleischspeisen gewöhnt hat, haben sich diese Eigenheiten gänzlich verloren. Er trägt jetzt, ohne einen besondern Eindruck auf sein Gefühl zu verspüren, einen goldenen Ring am Finger, und der Händedruck eines andern erregt ihm nicht mehr jene unangenehme Empfindung.

Nach dieser allgemeinen Personal-Beschreibung des Hauser habe ich nun anzugeben, welche besondere Merkzeichen, bei der neuerdings gerichtlich mit ihm vorgenommenen Untersuchung, an seinem Körper wahrgenommen worden sind.

I. Am Kopf:

1) Mitten auf der Stirn befindet sich eine Narbe, von ein und dreiviertel Zoll, in die Quere gehend und an beiden Enden scharf auslaufend, welche von der ihm bei dem an ihm*) verübten Mordversuch beigebrachten Wunde zurückgeblieben ist.

*) Am 17. Oktober 1829. – Welcher Mordversuch in der Schrift: *Skizze der bis jetzt bekannten Lebensmomente des merkwürdigen Findlings Kaspar Hauser in Nürnberg u. Kempten,* auf ganz *aktenwidrige* Weise erzählt wird. Der Verfasser dieser Schrift hat jene Begebenheit bloß nach *Hörensagen* erzählt; und es wäre wohl keine Verletzung des in Bayern so schwer verpönten Amtsgeheimnisses gewesen, wenn das Königl. Kreis- und Stadtgericht Nürnberg sich für verpflichtet erachtet hätte, wenigstens im allgemeinen zu erklären, daß jene Erzählung in den

2) Rechts, vier Zoll vom äußern Augenwinkel aufwärts, findet sich die obere Narbe von der unglücklichen Schußwunde aus einer geladenen, in seinem Zimmer hängend gewesenen Pistole, in dem behaarten Kopfteil; unten, ein Zoll über demselben Augenwinkel, die unten ausgehende Schußnarbe*). Zwischen beiden Narben ein und einviertel Zoll findet sich eine fühlbare Eindrückung der darunter liegenden äußern Knochenlamelle des Stirnbeins.

3) An der Stirn, über dem rechten innern Augenwinkel, ist eine 1 Linie im Umfang habende, kleine, rundliche Narbe bemerkbar.

4) Rechts am Kinn findet sich eine ähnliche, etwas größere Narbe. Diese letztere wird öfters beim Abwaschen des Gesichts wund. Beide Narben hat er, während seines Aufenthalts in dem hiesigen Turmgefängnisse, durch einen Fall bekommen.

II. Am Nacken:

Rechts am Nacken, am Anfang des Schulterblatts, findet sich ein warziges Muttermal von zwei Linien im Durchschnitt und gelblich von Farbe.

Akten nicht gegründet sei. Daß der Mordversuch an Kaspar Hauser wirklich geschehen, ist außer allem Zweifel und zu vollkommener *juridischer Gewißheit dargetan* . Auch war der *schwarze Mann,* von welchem Hauser verwundet worden, ganz gewiß schon darum kein Gespenst der Einbildungskraft, weil *solche* Gespenster – *nur* von *denen* gesehen werden, denen sie erscheinen, der «schwarze Mann» aber, wie ihn Kaspar Hauser beschrieben hat, auch von andern Personen an verschiedenen Orten, auf eher verdächtige Weise, gesehen worden ist. A. v. F.
Was diese Versicherung aus Herrn *v. Feuerbachs* Munde zu bedeuten habe, hierauf brauche ich wohl nicht besonders erst aufmerksam zu machen. Im Anhange gebe ich übrigens die Erzählung jenes Mordversuchs, wie sie Herr Professor *Daumer* zu Nürnberg, bei welchem Kaspar Hauser vom 18. Juli 1828 bis zum Januar 1830 lebte und in dessen Hause also der Mordversuch erfolgte, wörtlich, wie sie Herr *Daumer* in die zu München erscheinende Zeitschrift *«das Inland»* hat einrücken lassen. D. H.

*) Am 3. April 1830 stieg nämlich Hauser auf einen Stuhl, um von einem Büchergestell ein Buch herabzuholen, verlor aber, bei seinem täppischen unbehilflichen Wesen, das Gleichgewicht und griff, um sich zu halten, nach der Wand, an der eine mit einer Kugel geladene Pistole hing, die, von seiner Hand herührt, losging und ihm die oben bemerkte Wunde zufügte. A. v. F.

III.

Am Hals, Rücken, an der Brust und dem Bauch war nichts zu bemerken. Die Genitalien sind, wie oben schon erwähnt worden ist, vollkommen ausgebildet.

IV. An den obern Gliedmaßen:

1) Am Ellenbogen des rechten Armes findet sich eine breite, irreguläre Narbe, dergleichen nach Verletzungen sich zu bilden pflegen, welche lange geeitert und sich langsam vernarbt haben*). Bei seiner Hierherkunft saß noch ein Schorf darauf, welcher ihm von der Turmwirtin Hiltel weggewaschen worden ist.

2) Auf eben diesem Arm, am Oberarm, an der Stelle, wo sich der dreieckige Armstrecker (Musculus deltoides) anheftet, ist eine unverkennbare *Impfnarbe* wahrzunehmen; am linken Oberarm, an der nämlichen Stelle, zeigt sich ebenfalls eine, doch nur sehr undeutliche, Spur davon.

V. An den untern Gliedmaßen:

1) *Das Knie hat eine besondere regelwidrige Bildung.* Bei Streckung des Unterschenkels tritt in der Regel die Kniescheibe hervor; bei Hauser aber liegt sie in einer beträchtlichen Vertiefung. Regelmäßig heften sich die vier Streckmuskeln des Unterschenkels, als der äußere und innere große, der gerade und tiefe Unterschenkelstrecker (Musculus vastus externus et internus, M. rectus femaris et cruralis) mit einer gemeinschaftlichen Sehne, nachdem sie sich mit der Kniescheibe verwebt hat, an den Höcker des Schienbeins an; hier aber ist diese Sehne getrennt, und die Sehnen des äußern und innern großen Schenkelstreckers (Musculus vastus externus et

*) Nach Hausers Erzählung hat der «Mann, bei dem er immer gewesen» (der ihn in der geheimen Gefangenschaft gehalten) ihm diese Wunde durch den Schlag mit einem Stecken oder Stück Holz beigebracht, weil er einmal mit seinen Rossen (hölzernen Pferden) zu viel Lärm gemacht hatte. A. v. F.

internus) geben an der äußern und innern Seite des Schienbeinknorrens herab, heften sich unter diesem an das Schienbein an, und zwischen ihnen liegt die Kniescheibe. Hierdurch, und da diese Sehnen ungewöhnlich stark ausgewirkt sind, entsteht jene Vertiefung.

2) Die Kniescheibe, welche regelmäßig eine rundliche, fast linsenförmige Gestalt hat, ihre unteren Ränder in einen spitzen Winkel zusammenstoßen und an der vordern Fläche gewölbt ist, hat eine längliche, viereckige Gestalt, keinen spitzen Winkel und ist *platt.*

3) Wenn er mit ausgestrecktem Ober- und Unterschenkel, in horizontaler Lage, auf dem Boden sitzt, *so bildet der Rücken mit der Beugung des Oberschenkels einen rechten Winkel, und das Kniegelenk liegt in gerader Streckung so fest auf dem Boden auf, daß am Kniebug nicht die geringste Hohlung zu bemerken und kaum ein Kartenblatt unter die Kniekehle zu schieben ist.*

Die Bildung dieser eben benannten *Abnormitäten* mag wohl, höchst wahrscheinlich, *durch das lange und beständige Sitzen auf dem Boden, mit gestreckten Schenkeln,* während seiner Gefangenschaft, verursacht worden sein*).

4) Am rechten Knie ist eine kleine rundliche, etwas undeutliche Narbe; und am linken sind zwei, einen Kreuzer große Narben bemerkbar. Diese drei Narben stehen auswärts an den Knieen.

5) *Das Stehen auf einem Fuß verursacht ihm ein schmerzhaftes Gefühl im Pfannengelenk.*

6) Die *Fußsohlen* sind, wie schon oben bemerkt worden ist, *ganz weich und ohne alle Schwielen***). Noch habe ich hier die

*) In dieser Lage saß er nämlich, nach seiner Erzählung, beständig in seinem dunklen Kerker. Auch in Nürnberg nahm er in den ersten Monaten seines Dortseins, sooft er sich allein befand, auf dem Boden sitzend dieselbe Stellung an, die ihm nur mit Mühe abgewöhnt werden konnte. A. v. F.

**) Die Zehen seiner Füße waren, als ich am 11. Juli ihn zum ersten Mal beobachtete, beinahe ganz rund und standen weit auseinander, wie bei einem Menschen, der noch keine Schuhe getragen hat. A. v. F.

Bemerkung nachzuholen, daß Hausers Fußsohlen, als er hier ankam, *ganz wund und von dem Oberhäutchen entblößt* waren.

Um die Personalbeschreibung des Hauser soviel nur immerhin möglich zu vervollständigen, habe ich noch über folgende Gegenstände zu berichten.

A. Nahrungsmittel

1) Speisen:

Als Hauser hierher kam, konnte er, außer schwarzem Brot, kein anderes Nahrungsmittel genießen, indem ihm jedes Ekel erregte. Am 18. Julius 1828 wurde Hauser der Aufsicht und Pflege des Herrn Professors Daumer und dessen Frau Mutter übergeben und von ihnen in Kost und Logis genommen. Die ersten Wochen seines dortigen Aufenthalts war seine Nahrung noch Brot und Wasser. Nun wurden aber Versuche gemacht, ihn an andere und gekochte Speisen zu gewöhnen. Zuerst bekam er eine Wassersuppe mit schwarzem Brot, an der er bald Behagen fand. Diese genoß er mittags und abends und zum Frühstück trockenes schwarzes Brot mit Wasser. Zuerst nahm er seine Suppe kalt, dann immer lauer, und endlich konnte er sie auch warm vertragen. Vom Monat August desselben Jahres nahm er zum Frühstück Gesundheitsschokolade und vom 17. August an, statt der Suppe, auch abends Gesundheitsschokolade. Vom 31. August an genoß er solche morgens mit weißem und abends mit schwarzem Brot; mittags Milch und auch andere Speisen. Am längsten dauerte es, *bis er sich an Fleischspeisen gewöhnen und seinen Ekel dagegen überwinden konnte.* Die ersten Versuche wurden mit Fleischbrühe, welche ihm tropfenweise gegeben wurde, gemacht, worauf ihm aber jedesmal unwohl wurde. Mit der Gewöhnung an Fleisch selbst wurde im Monat Oktober 1828 der Anfang gemacht; anfangs nur mit Fleischfasern, dann mit kleinen Fasernbündeln;

und erst zu Anfang Januars 1829 konnte er einen Bissen Fleisch vertragen. Zu Anfang November 1828 fing er an, Suppen und Gemüse, mit Fleischbrühe gekocht, zu genießen und zu vertragen.

Gegenwärtig kann er alle gekochten Speisen, wenn sie nicht gewürzt und fett sind, wie auch alle Fleischspeisen, aber gleichfalls kein fettes Fleisch, genießen, desgleichen auch alle Obstfrüchte, ausgenommen Pfirsiche, Nüsse und Weintrauben. Von dem Genuß der letztern wird ihm, als wenn er berauscht wäre.

2) Getränke:

Wasser ist, wie von jeher, so auch noch jetzt sein *einziges* und *Lieblingsgetränk.* Geistige Getränke kann er durchaus nicht vertragen. Bald nach seiner Hierherkunft wurde ihm von einem mutwilligen Menschen Branntwein statt Wasser gereicht. Er spuckte solchen zwar, sowie er ihn im Mund hatte, wieder weg, bekam aber sogleich davon Übelkeit und fast vierzehn Tage lang dauernden Kopfschmerz. Auch bis gegenwärtig hat er sich noch nicht an geistige Getränke gewöhnen können; er hat gegen sie den größten Widerwillen und kann selbst den *Geruch* derselben nicht vertragen. Wenn er irgendwo zu Gast geladen ist, wo verschiedene Sorten von Weinen zugleich auf dem Tische stehen, so ist ihm der Geruch davon erst unangenehm, dann verursacht er ihm Kopfschmerzen. Der Dunst, der ihm, als er im vorigen Frühjahr bei jemand zu Tische war, von einer in seiner Nähe geöffneten Bouteille mit Champagnerwein in die Nase stieg, machte ihn dämisch und halb berauscht. Bier, Kaffee und Tee kann er nicht genießen.

3) Gewürze:

Das einzige Gewürz, welches er anfangs vertragen konnte, war Kümmel, welcher ihm auch einigemale als Arzneimittel diente; denn außer diesem kann er kein Arzneimittel vertragen. Warum ihm gerade dieses Gewürz behagte und ihm unschädlich war, ist daher erklärlich, weil das Brot, welches er in seinem Kerker genossen hatte, mit Kümmel bestreut war, wie sich dieses später, als er zufällig ein solches Brot zu essen bekam, entdeckte. Gegenwärtig kann er, ohne Nachteil, von Gewürzen, außer Kümmel, noch Fenchel, Koriander, Pfeffer und Salz genießen*).

B. Sprache und geistige Anlagen

1) Sprache:

Hauser wußte, als er hier ankam, von der Sprache kaum fünfzig Worte. Er machte zwar bald schnelle Fortschritte im Sprechen und hat gegenwärtig die Sprache so ziemlich in seiner Gewalt, nur bemerkt man noch häufig eine eigene Wortverbindung und den Gebrauch der unbestimmten Zeit.

2) Geistige Anlage:

Hausers geistige Entwickelung machte, während der ersten Zeit seines Hierseins, ungemein schnelle Fortschritte. Er zeigte Fähigkeiten und Talente**), welche zu den schönsten Erwartungen berechtigten, wie ich dieses bereits in meinem Bericht an den

*) Alle Spuren des an Hauser verübten Verbrechens der Gefangenhaltung führen auf Gegenden, wo mit Fenchel, Koriander etc. bestreute Brote oder Brötchen üblich sind und wo Schriften, dergleichen Hauser, nebst hörnernem Rosenkranz, in seiner Tasche nach Nürnberg mitbrachte, wie z. B. *Geistliches Vergißmeinnicht»* – *«Ein sehr kräftiges Gebet, wodurch man sich aller heil. Messen teilhaftig machen kann»* – *«Gebet zum heil. Schutzengel»* – *«Gebet zum heil. Blut»* und dergleichen die gangbarsten, wo nicht einzigen Produkte der Presse sind, die bei den wallfahrenden frommen Seelen einen sehr einträglichen Absatz finden. A. v. F.

**) Am allerhervorstechendsten war sein an das Wunderbare grenzendes Gedächtnis. Man durfte ihm eine lange Reihe von Worten und Namen vorsagen, mit denen er nicht den mindesten Begriff verbinden konnte, und er behielt sie in derselben Ordnung, wie man sie ihm vorgesagt hatte, lange Zeit. Als ich ihn zum ersten Mal besuchte, waren in meiner Gesellschaft Herr Obrist von D. mit seiner Gemahlin, Fr. Generalin von K. und zwei Kinder. Wir nannten ihm, auf Verlangen, unsere Namen und Titel, welche letztere insbesondere für ihn nicht mehr Sinn hiesigen Stadtmagistrat ausführlich bemerkt habe und worauf ich hier verweise. Dieser Zustand dauerte bis zum Winter 1828/29. So wie um diese Zeit seine Sinnesorgane stumpfer wurden, so wurden es auch seine geistigen Anlagen. Es wurde ihm täglich schwerer, einen Gegenstand, der ihm gelehrt wurde, zu begreifen, und, was ihm sonst ein Leichtes gewesen war, selbst die Aufgabe eines leichten Rechnungs-Exempels kostete ihn viele Anstrengung. Bei seiner brennenden Lern- und Wißbegierde machte ihn diese Bemerkung über seine Fähigkeiten öfters sehr niedergeschlagen. Im Sommer des Jahres 1829 vermehrte sich diese geistige Abstumpfung so sehr, daß es nicht mehr möglich war, ihm einen geregelten Unterricht zu erteilen, und dabei verlor sich auch seine Lernbegierde. Er klagte über das Gefühl eines schweren Druckes auf der Stirn, wodurch er gehindert werde, bei aller Anstrengung und Aufmerksamkeit, etwas zu begreifen. Der im Herbste desselben Jahres 1829 an ihm verübte Mordversuch hatte die wohltätige Wirkung, daß, als er von seiner Wunde geheilt war, er sich von jenem lästigen Druck auf der Stirn mit einem Male befreit fühlte, sein Kopf heiter wurde, er sich zum Lernen wieder aufgelegt fühlte und seine ehemalige Wiß- und Lernbegierde wieder erwachte. Mit Anfang des Jahres 1830 konnte ihm nun wieder ein geregelter Unterricht erteilt werden, der auch seitdem ununterbrochen fortgesetzt worden ist.

Von dem geistigen Vermögen ist ihm unverletzt bis jetzt geblieben das treue schnell fassende *Gedächtnis.* Er kann z. B. ganze

haben konnten als für einen Pescheräh. Nach einer Stunde ungefähr trafen wir an einem dritten Orte zufällig wieder mit ihm zusammen, wo er uns nicht nur sogleich wieder erkannte, sondern auch eines jeden Namen mit seiner Titulatur sowie den Vor- und Zunamen der beiden Kinder wieder hersagte. – Sein Zimmer glich in den ersten Monaten seines Aufenthals zu Nürnberg einem großen Kramladen von Spielsachen und andern Dingen, womit ihn die Gutmütigkeit mehrerer Bewohner Nürnbergs beschenkt hatte; Hauser wußte bei jedem, noch so geringfügigen Stück oder Stückchen, bei jedem Bildchen, jedem bleiernen Soldaten etc. den Namen und Titel desjenigen herzusagen, der ihm damit ein Geschenk gemacht hatte. A. v. F.

Erzählungen, welche ihm sein Lehrer vorträgt, zu Hause mit den nämlichen Worten aufschreiben. Ferner sein Talent zur Zeichenkunst und zu mechanischen Arbeiten. Sein Fassungsvermögen ist bei weitem nicht mehr so schnell, wie es ehedem war. Es macht seinem Lehrer viel Mühe, abstrakte Ideen, wie z. B. die Sprachregeln beim Sprachunterricht, ihm begreiflich zu machen. Leichter faßt er Begriffe von solchen Dingen auf, welche durch äußere, sinnliche Anschauung zu erwerben sind. Nach dem Urteil seines Lehrers, des Gymnasiallehrers Herrn Dr. Meyer, ist er an solchen Kenntnissen, welche mit dem Verstand begriffen werden müssen und wobei Nachdenken erforderlich ist, nicht reicher und besitzt nicht mehr Fähigkeit *als ein Knabe von acht Jahren.*

C. Der Schlaf

Sein Schlaf war von jeher sehr fest und ruhig und ist es noch. In der ersten Zeit seines Hierseins erwachte er regelmäßig mit Aufgang der Sonne. Mit Sonnenuntergang wurde er schläfrig und legte sich zu Bette.

Noch habe ich hier zu Obigem Nr. 2 zu bemerken, daß Hauser, als er hierher kam, nicht lesen und, außer seinem Namen, auch nicht schreiben konnte. Beides wurde ihm erst von dem Herrn Professor Daumer gelehrt. Ferner: Wenn er, um etwas, das ihm gelehrt wird, zu begreifen oder sich auf etwas zu besinnen, seine Denkkraft anstrengt, so ist er so in sich vertieft, daß er von dem, was um ihn vorgeht, nichts hört noch sieht, und dabei ist ein krampfhaftes Zucken seiner Gesichtsmuskeln, am stärksten auf der linken Seite, bemerkbar. Beschäftigt er sich lange mit solchem Nachdenken, so fühlt er Ermattung und Kopfschmerzen. Dieser der Wahrheit getreuen Beschreibung des physischen und psychischen Zustandes des Hauser habe ich nun mein unzielsetzliches Gutachten beizufügen, und zwar mit Rücksichtnahme auf die verschiedenen Perioden seines Lebens, die ich in folgende abteile, als:

Periode vor seiner Einkerkerung, seiner Einkerkerung und seiner *Entlassung aus derselben.*

Hauser lebte die erste Zeit seiner Kindheit, unzweifelhaft, unter Menschen und genoß selbst eine Erziehung. Beweise hievon sind: Er konnte schon eine Sprache sprechen, wie aus den von Herrn von Pirch mit ihm gemachten Versuchen*) erhellet, und seine Muttersprache mußte die *ungarische* oder *polnische* gewesen sein; denn ohne ein Wunder anzunehmen, wäre es nicht begreiflich, wie Hauser die ungarischen Worte, welche ihm Herr von Pirch vorsagte, hätte verstehen können, wenn er sie nicht schon einmal gewußt hätte. Wäre Hausers Muttersprache die deutsche gewesen, so würde ihm gewiß vieles aus seiner ersten Kindheit wieder erinnerlich sein, wie dies bei Anhörung der ungarischen Worte der Fall war. Er erinnerte sich an seine Kindsmagd, er war an Reinlichkeit bei Verrichtung seiner Bedürfnisse gewöhnt, und auch seine Impfnarben können einigermaßen als Beweis gelten, daß er seine ersten Kinderjahre in der menschlichen Gesellschaft verlebt habe.

Zweite Periode:

Wahrscheinlich war Hauser, nach obigen Bemerkungen, als er eingekerkert wurde, schon 3 bis 4 Jahre alt. Sein Kerker muß, wie die *Tagsblindheit,* an der er litt, nahelegt, dunkel und *wahrscheinlich unter der Erde gewesen sein.* Wenn man jenes Alter als den Zeitpunkt seiner Einkerkerung annimmt, so verlebte er, da er bei seiner Hierherkunft das Aussehen eines Jünglings von 16 bis 17 Jahren hatte, wenigstens über zwölf Jahre in diesem düstern Aufenthaltsort. Während dieser langen Zeit sah er kein menschliches Wesen, hörte er keine menschliche Stimme, wurde durchaus vernachlässigt und sich selbst überlassen. In diesem Zustande mußte er durchaus die Sprache vergessen, und mit dem Vergessen der Sprache mußten auch die wenigen Begriffe und Vorstellungen,

*) Siehe Hitzigs Annalen Heft 14. S. 447 ff. D. H.

welche er sich vor seiner Einkerkerung erworben haben mochte, verlöschen, da diese an die Sprache gebunden und ohne Sprache nicht möglich sind. Was er nicht vergessen hat und nicht vergessen konnte, war das Bedürfnis, das ihm dargereichte Brot und Wasser zu genießen, wozu ihn der Instinkt trieb, und die Gewohnheit, zu der er schon vor seiner Einkerkerung angehalten gewesen sein mußte, seiner Exkremente in den neben ihm stehenden Topf sich zu entledigen, an welche er täglich erinnert wurde. Von einem An- und Auskleiden bei diesem Geschäfte hat Hauser nie etwas erwähnt. Nach seiner Angabe hätte er den Hosenträger auf dem Leibe unter dem Hemde gehabt, und die Beinkleider wären hinten aufgeschlitzt gewesen.

Hauser trat demnach wieder ganz in den Zustand seiner ersten Kindheit zurück, und es ist daher ganz natürlich, daß er sich an das, was in seinem Kerker mit ihm vorging, nicht erinnern kann. Immerhin mögen Spinnen, Mäuse, Fliegen und dergleichen in seinem Gefängnis gewesen sein, sie können ihn sogar zuweilen, wenn sie ihm zu nahe kamen, erschreckt haben, aber sie beobachten und sich ihrer erinnern konnte er so wenig als ein Kind, das in der Wiege liegt*). Aus den ersten Jahren der Kindheit weiß sich niemand etwas zu erinnern. Nicht einmal mit der Sprache – denn niemand kann sich erinnern, wenn er zu sprechen angefangen hat – beginnt das Erinnerungsvermögen, sondern erst mit dem Erwachen zum empirischen Selbstbewußtsein.

Dritte Periode:

Diese beginnt mit Hausers Freilassung aus seiner Haft. Er kam aus derselben zwar, nach Wuchs und Aussehen, als ein Jüngling zwischen sechzehn und siebzehn Jahren, in Wahrheit aber als ein

*) Dieser Erklärungsart scheint jedoch die Tatsache entgegenzustehen, daß Hauser sich, unter anderm, der hölzernen Spielpferde, mit denen er in seinem Kerker gespielt, die er auf mannigfaltige Weise mit Bändern geschmückt und dergleichen, noch wohl erinnert. A. v. F.

Kind, das sich seiner noch nicht bewußt ist. Wer verlangt von einem 2–3jährigen Kinde, welches zum ersten Male von einem Dorfe in die Stadt gebracht wird, daß es den Weg, den es gegangen ist, und die Gegenstände, die es gesehen hat, genau beschreiben und das Tor, durch welches es in die Stadt gekommen, bezeichnen soll? Hauser war damals weniger als ein solches Kind. Es ist unwahr, und Hauser hat es nie gesagt, daß er gleich bei dem Austritt aus seinem Kerker Berg und Ebene habe unterscheiden können; er sagte bloß, er wäre von dem Mann eine Höhe hinaufgezogen (tragen?) worden. Da also Hauser in einem Zustande der ersten Kindheit aus seinem Kerker kam, so konnte er von den bisherigen Ereignissen seines Lebens ebenso wenig Rechenschaft geben als ein Kind, das eben zu sprechen angefangen hat.

Als Hauser hierher und wieder unter Menschen kam, machte er schnelle Fortschritte in der Sprache; und mit der Sprache erwachte auch das Bewußtsein. Zugleich entwickelten sich seine geistigen Fähigkeiten mit gleicher Schnelligkeit. Wenn Hauser hier von dem Entwicklungsgang, den das Kind gewöhnlich nimmt, abzuweichen scheint, so ist dieses nur scheinbar; denn auch er erlernte zuerst die Sprache, und dann kamen ihm Vorstellungen; nur geschah dieses alles in kürzeren Zwischenzeiten, und zwar aus folgenden Gründen:

1) Hauser war schon einmal aus dem Zustande der ersten Kindheit getreten und sich seiner bewußt; durch einen leichten Anstoß, den er durch die Sprache erhielt, mußte er wieder zum Bewußtsein erwachen.

2) Seine körperliche Ausbildung konnte zwar in seiner Haft gestört, aber nicht, wie seine geistige, zurückgehalten werden. Seine Organe, und also auch die Sprachorgane, waren, als er derselben entlassen worden ist, schon völlig ausgebildet, und was besonders zu berücksichtigen, auch die sensible Sphäre seines Organismus, als Gehirn, Rückenmark und Nervensystem, hatten ihre völlige Ausbildung erlangt. In dieser Hinsicht war also die

Ausbildung seines Organismus von jenem des kindlichen Alters durchaus verschieden, und daraus sind seine schnellen Fortschritte erklärbar.

3) Wenn das Kind die Sprache gefunden hat und nur einige Worte sprechen kann, so braucht es nicht lange, um sich der Sprache insoweit zu bemächtigen, als es sie zum Bedarf seiner Vorstellungen nötig hat. Wenn aber Hauser die Sprache und deutliche Aussprache in kürzerer Zeit erlernte als ein Kind, so kam ihm hiebei sein glückliches Gedächtnis zustatten, und dann auch der Andrang so vieler Personen, die an seinem Schicksale Anteil nahmen und ihn zu unterrichten die gute Meinung hatten.

Die schnellen Fortschritte, die er in seiner geistigen Ausbildung zu machen schien, die hervorstechenden Fähigkeiten, die er anfangs zeigte, erkläre ich für einen *krankhaften* Zustand. Hauser kam aus der Einförmigkeit und dunkeln Einsamkeit seines Kerkers nicht nach und nach, sondern wie mit einem Sprung in eine ganz entgegengesetzte Lage. Die verschiedenen, ihm bisher ungewohnten Eindrücke, welche die ihn umgebenden Außendinge, als freie Luft, Licht, Schall, und besonders der Andrang so vieler Menschen, die ihn nur wenige Stunden des Tages in Ruhe ließen, und dergleichen mehr auf ihn machten, mußten seinen ganzen Organismus gewaltsam ergreifen. Es äußerten sich auch bald die traurigen Folgen davon. Denn als Hauser von dem Herrn Professor Daumer aufgenommen wurde, fühlte er sich so erschöpft, daß sein Leben in der größten Gefahr schwebte und seine Erholung langsam erfolgte. Vorzüglich wirkten diese Schädlichkeiten auf die sensible Sphäre seines Organismus nachteilig ein, indem das Gehirn, das Nerven- und Gangliensystem in eine krankhaft erhöhte Reizbarkeit versetzt worden ist, und wobei besonders der Brennpunkt des gesamten Gangliensystems, das Sonnengeflechte (Plexus solaris), angegriffen gewesen zu sein scheint. Sein krankhafter Zustand hatte mit dem des Somnambulismus die größte Ähnlichkeit, wie z. B. die erhöhte Empfindlichkeit seiner Sinnesorgane, besonders des Tastsinns, die besondern, oft widrigen Gefühle, die ihm die Ausdünstungen und Berührungen der ihn besuchenden Personen verursachten und dergleichen. Im Ganzen jedoch, und am richtigsten bestimmt, war dieser Zustand einzig eine krankhaft erhöhte Tätigkeit der sinsiblen Organe. Auf diese, welche bis zum Winter 1828 dauerte, folgten, wie dies immer zu geschehen pflegt, Ermattung und Schwäche; und es dauerte fast länger als ein Jahr, bis ihm eine normale Gesundheit zuteil wurde.

Ich habe oben die Gründe angegeben, warum Hauser, außer an seine Nahrungsmittel und die ihm gebliebene Gewohnheit bei Entleerung der Exkremente, sonst keine Erinnerung aus seinem Kerkerleben und von seiner Hierherreise übrig geblieben ist; und dennoch werden einige Umstände erzählt, welche sich während seines Kerkerlebens ereignet haben. Hier ist aber zu bemerken, daß solche von Hauser nicht ausgesagt, sondern späterhin zufällig entdeckt worden sind. Sie sind daher auch nie als bestimmt erwiesene Tatsachen, sondern nur als höchst wahrscheinliche Mutmaßungen angenommen worden; z. B. die Vermutung, daß Hauser bei Reinigung seines Körpers und beim Wechsel der Wäsche *Opium* bekommen habe, gründet sich auf einen Versuch, den der hiesige Stadtgerichts-Arzt Herr Dr. *Preu* vor ungefähr einem Jahr angestellt hat. Derselbe mischte, an einem Vormittag, ohne daß es Hauser bemerkte, *einen Tropfen* Opiumtinktur in ein Glas Wasser. Als Hauser einen Schluck davon genommen hatte, setzte er das Glas weg und sagte: *«Dieses Wasser ist nicht gut; es schmeckt gerade so schlecht als das Wasser, das ich zuweilen im Gefängnis getrunken habe.»* Bald darauf wurde er schläfrig und verfiel in einen tiefen, über fünf Stunden lang andauernden Schlaf.

Aus allem diesen erhellet:

1) Hauser ist, in Hinsicht seiner geistigen Entwickelung, als ein verwahrlostes, sich seiner noch nicht bewußtes Kind nach Nürnberg gekommen.

2) Er konnte daher von seinem vorigen Leben und seiner Hierherreise keine Rechenschaft geben.

3) Die schnelle Entwickelung seiner geistigen Vermögen war ein krankhafter Zustand.

Vorstehenden pflichtmäßigen Bericht sowie das darauf gegründete Gutachten bekräftige ich durch eigenhändige Unterschrift.

Dr. Johann Karl Osterhausen,
ausübender Arzt dahier.

II.

Bericht und Gutachten

des Königl. Baierischen Stadtgerichtsarztes Dr. *Preu,* den Kaspar Hauser betreffend

Die auf Requisition des K. Kreis- und Stadtgerichts dahier wiederholt vorgenommene vollständige körperliche Untersuchung des Findlings *Kaspar Hauser* hat nachfolgende Einzelheiten als Resultate geliefert:

1) Kaspar Hauser mißt gegenwärtig 5 Fuß 4 Zoll. Als er hierherkam und einige Monate nachher von seinem Erzieher Professor Daumer unter das Maß gestellt wurde, zeigte dasselbe 4 Fuß 9 Zoll. Er hat lichtbraune Haare, ein rundes, aber platt geformtes Gesicht, eine kleine Nase, blaue Augen, unbestimmt verlaufende Züge, ist übrigens wohlgenährt, hat flaccide Muskeln und eine sehr feine weiche Haut.

2) Auf der Stirn zeigt sich sogleich in der Mitte die von seiner vor circa einem Jahre erlittenen Verwundung zurückgebliebene Narbe. Sie läuft vollkommen in die Quere ein und dreiviertel Zoll lang hin und an beiden Enden scharf aus.

3) Rechts am Kopf in dem behaarten Teil, vier Zoll vom äußern Augenwinkel aufwärts entfernt, eine Narbe dreiviertel Zoll lang, rundlich gestaltet; tiefer unten, einen Zoll hoch über dem nämlichen Augenwinkel, eine zweite ähnliche, aber mehr in die Länge sich ausdehnend; zwischen beiden unter der unverletzt erscheinenden Hautdecke eine fühlbare Eindrückung in der äußern Lamelle des unterliegenden Knochens, als das übrig gebliebene Mahl von der in diesem Jahre erst erlittenen Schußwunde.

4) Oberhalb der rechten Augenbraue einwärts eine kleine rundliche, nur eine Linie im Durchschnitt haltende Narbe, nach Hausers Angabe durch eine Verletzung entstanden, welche er sich durch einen Fall auf ein kleines hölzernes Pferd zugezogen hat; zugleich mit der

5) rechts am Knie bemerkbaren größeren Narbe, welche heute noch von jeder rauhen Berührung, vom Waschen etc. wund wird.

6) Im Nacken, rechts am Anfang des Schulterblattes, ein kleines warzenähnliches Muttermal von gelber Farbe, im Durchschnitt zwei Linien haltend.

(Am Halse läßt sich gar keine auch nur entfernte Spur irgend einer frühern Verletzung entdecken.)

7) An den Oberarmen sieht man rechts an der Einsenkung des Delta-Muskels eine unverkennbare Schutzpocken-Impfnarbe, links an der nämlichen Stelle nur eine leise Spur davon.

8) Am rechten Ellbogen ist eine breite irreguläre Narbe zu sehen, von einer länger angedauerten Vereiterung zeugend. Als Hauser hierher gekommen, saß, nach seiner Angabe, noch ein Schorf darauf, welchen die Hiltelsche Ehefrau auf dem Turm weggewaschen hat. Hauser will diese Verletzung in den letzten Tagen seiner verborgenen Einkerkerung durch einen Schlag erhalten haben, welchen ihm sein Wärter mit einem Stabe auf diese Stelle gegeben habe.

9) Beide *Hände* sind *ganz weich* und *von allen Schwielen* frei; sie waren es sonst noch mehr.

10) Die Geschlechtsteile sind jetzt vollkommen ausgebildet. Die Schamgegend stark behaart. Überhaupt behaart sich allmählich der ganze Körper mehr und mehr; am Kinn sproßt der Bartflaum hervor. Die Rute hat ihre Vorhaut vollständig.

11) Beide *Kniee* zeigen eine *eigentümliche Bildung. Die Gelenkköpfe der Ober- und Unterschenkel treten stark nach hinten zurück und sinken dagegen vorn samt der Kniescheibe beträchtlich hinein; daher liegen, wenn Hauser sich auf die platte Erde setzt, die Füße in der Kniekehlen-Gegend so scharf auf, daß auch nicht ein Blättchen Papier durchgeschoben werden kann,* während bei andern Menschen man füglich eine geballte Faust durchbringt.

12) Mit dieser Sonderbarkeit ist sogleich eine andere in Verbindung zu bringen, welche sich an Hauser in der oben angegebenen Stellung bemerken läßt. *Er hält nämlich dabei seinen Rücken ganz gerade aufrecht, die Hände frei in die Luft hinausstreckend;* dagegen jeder andere Mensch in dieser Lage seines Körpers und seiner Hände den Rücken zu krümmen gezwungen ist.

13) Außerdem finden sich an beiden Knieen, und zwar überall auswärts, Narben von früheren unbedeutenden Verletzungen vor. Am rechten Knie erscheint die Narbe halb verwischt und von rundlicher Gestalt; am linken sind zwei, jede von der Größe eines Kreuzers, deutlich markiert durch die hellere Farbe als die der übrigen Haut, und zwar wie gewöhnlich nach einer Verbrennung sich Narben bilden.

14) Die *Fußsohlen* sind gegenwärtig *noch so weich, ja, noch weicher als an andern Menschen die inneren Handflächen.* Bei seiner Hierherkunft waren längere Zeit Blasen daran zu sehen.

Neben diesen Erscheinungen an den äußeren Körperteilen des Hauser zeigt sich gegenwärtig noch in seinen körperlichen Verrichtungen manches von hoher Bedeutung, nämlich

15) das eigentümliche Vermögen, auf der platten Erde mit festaufliegender Kniekehle und mit gerader Haltung des Rückens, dessen schon unter 11 und 12 gedacht ist. Ferner

16) ist er *nicht imstande, auf einem Fuße allein zu stehen,* weil er alsdann in der Pfanne des Hüftgelenkes dieses Fußes heftige Schmerzen empfindet.

17) Beim längern Gehen, z. B. von dreiviertel Stunden Weges, schmerzen ihn alsbald die Fußsohlen.

18) Seine *Sinne* sind sämtlich, in Vergleich zu andern Menschen, noch jetzt auffallend geschärft, obwohl sie, seitdem er an Fleischkost sich gewöhnt hat, beträchtlich stumpfer geworden sind. Anfänglich aber

a) *sah er in vollkommener Nachtfinsternis* so gut, daß er Geschriebenes und Gedrucktes lesen konnte, nachdem er lesen gelernt hatte;

b) war sein *Gehör* so reizbar, daß er vom Anhören der Regiments-Musik aus einem benachbarten Hause zwei Tage lang nervenkrank darnieder lag:

c) *roch* er z. B. tierische verweste Substanzen oder ausgetrokkente Knochen auf weite Entfernung, sogar die Ausdünstung des Gottesackers vom Garten des Herrn Kaufmanns Scharrer, also über 400 Schritte weit. Schon in viel späterer Zeit wirkte der Geruch des Terpentinfirnisses so nachteilig auf ihn, daß er auf der Stelle Erstickungsanfälle bekam und nach 12 Stunden am ganzen Körper *gelbsüchtig* war. Noch jetzt riecht er es, wenn in einem Zimmer zweierlei Weine, obwohl in verschlossenen Flaschen, stehen, und er bekommt davon Kopfweh. Den Geruch einer einzigen Sorte verträgt er gut.

d) Gegenwärtig noch *fühlt er gegen eine Menge Genüsse wahren Abscheu,* welche im gewöhnlichen Leben von andern Menschen für wohlschmeckend gehalten werden. Er verschmäht Kaffee, Bier, Wein; alles Gewürzartige, in der kleinsten Quantität den Speisen beigemischt, wirkt nicht allein widerlich auf seinen Geschmack, sondern auch nachteilig auf seine Nerven. Es macht ihn wahrhaft krank. – Doch sind hiervon ausgenommen *Kümmel, Koriander, Anis und Fenchel,* welche, zusammengemischt, er als höchst wohlschmeckend und wohltätig in dem eigens für ihn so gebackenen Brote genießt und *versichert, daß dem Brote, welches er an seinem frühern Aufenthaltsort genossen habe, die nämlichen Substanzen beigemischt gewesen seien.* Den Kümmel liebt er unter allen am meisten in jeder Form, auch als Zusatz zu einigen Speisen, z. B. an der Mehlsuppe, am weißen Kohl.

c) Nicht allein aber geschärft, sondern auch *krankhaft reizbar* sind seine *Sinne,* was zum Teil schon aus a–d hervorgeht. Am reizbarsten ist sein Gesicht. Bei schon geringer Anstrengung seiner Augen durch Lesen, Schreiben, Zeichnen entzünden sie sich und erregen zugleich allgemeines krankhaftes Leiden.

19) Wie seine Sinne, ebenso empfindlich ist sein ganzes *Nervensystem;* daher einige Weintraubenbeeren genossen ihn halb betrunken machten; daher vom Geruch höchst verdünnter homöopathischer Arzneien auf einige Schritte weit sogleich Betäubung, Zittern und auf der Stirn Schweiß entsteht.

20) *Die Geschlechtsfunktion schlummert noch ganz in ihm;* auch hat er noch nicht die geringste Einsicht in das Verhältnis der beiden Geschlechter zueinander. Einmal, auf die homöopathische Einwirkung des Bärlappstaubes (Sem. Lycopod.) bekam er, solange das Mittel wirkte, 7 Tage lang jeden Morgen beim Erwachen Erektionen und bekalgte sich deshalb gar sehr über diese Erscheinung gegen seinen Erzieher, ließ sich auch durch dessen Tröstung, daß dieses Ereignis ein Anzeichen seiner immer mehr zunehmenden Gesundheit und Stärke sei, keineswegs zufriedenstellen.

21) Seine *Sprache* und seine *Redefügungen* haben immer noch viel Eigentümliches und Kindliches. Anfänglich hatte er bloß den Infinitiv in seiner Gewalt. Er sprach z.B. «Du mir Brot geben.» «Hauser gut schnecken.» Lange redete er von sich in der dritten Person. Noch jetzt schiebt er in seiner Rede gern die Zeitwörter unter allen Wendungen der Sprache den Sachwörtern vor, ungefähr so, wie man es von den Juden zu hören gewohnt ist.

22) Wenn Hauser über etwas nachdenkt oder auf etwas sich besinnt, so entsteht sogleich ein *zuckendes Muskelspiel im Gesicht,* aber immer stärker auf der linken Seite, teilt sich auch allmählich den Gliedmaßen der linken Seite mit. Dabei hört er auch nicht mehr auf das, was man um ihn herum oder selber zu ihm spricht – er muß mit einiger Gewalt aus seiner Träumerei aufgestört werden. Wie er aber zu sich kommt, so ist auch alsbald alles Zucken weg, und er selber weiß gar nichts davon.

Aus diesen Einzelheiten lassen sich nun nachstehende allgemeinere Resultate ziehen.

a) *Hauser ist gegenwärtig ungefähr 18 Jahre alt.* Dieses besagt die allgemeine Ausbildung seines Körpers, die spezielle seiner Geschlechtsteile, samt dem kommenden Bart. Seine *Gesichtszüge* erscheinen aber noch ungereifter.*)

b) *Er hat seinen Körper früher wenig oder gar nicht geübt, folglich seine Gliedmaßen nie so gebraucht, wie andere Menschen unter den gewöhnlichen Verhältnissen des Lebens im Verlauf ihrer Kindheit und ihrer ersten Jugend tun und tun müssen.* Am wenigsten hat er seine Füße zum Gehen und Stehen gebraucht. Beweis dafür geben die oben unter 9, 14, 16, 17 geschilderte Beschaffenheit seiner Hände und Füße und die Schmerzen, welche er fühlt, wenn er auf einem Fuße stehen soll.

c) *Er hat sehr viel und lange Zeit in der nämlichen Richtung des Körpers auf flachem Boden gesessen.* Davon sind Zeugen die unter 11. und 12. beschriebenen Eigentümlichkeiten.

*) Ich möchte vielmehr nach meiner öfteren Beobachtung sagen, sein Gesicht zeige das auffallende *Gemisch von der Physiognomie eines Kindes und eines schon bejahrten Mannes.* Kindische Unbefangenheit und melancholischer Ernst, wundersam ineinander verschmolzen, bilden den Ausdruck seines nicht gerade schönen, gleichwohl lieblichen, anziehenden, dabei aber auch etwas befremdenden Gesichts. Ich besitze ein vortreffliches Pastellgemälde des ausgezeichneten Porträtmalers Herrn *Greil* zu Markt-Erlbach von Hauser, welches den Unglücklichen zu sprechender Ähnlichkeit darstellt. Alle in Kupferstich oder Steindruck erschienenen Bilder sind entweder Karikaturen oder gleichen eher jedem andern als Kaspar Hauser. A. v. F.

d) *Er hat lange Zeit des Einflusses des Tageslichtes und der Einwirkung des Tageslebens auf die Sinne entbehrt.* Dieses erhellet aus der Schärfe und Empfindlichkeit seiner Sinne, wie sie früher im ausgezeichnetsten Maße und gegenwärtig noch mehr als bei jedem andern Tag-Menschen an ihm sich vorfanden.*)

e) *Er ist ferner viele Jahre hindurch von aller menschlichen Gesellschaft entfernt und der gewöhnlichen Lebensweise anderer Menschen und ihrer Art, sich zu ernähren, fremd geblieben.* Dieses läßt sich noch jetzt aus der krankhaften Empfindlichkeit seines Nervensystems gegen jeden ihm noch nicht angeübten Genuß von Speisen, Getränken, Gerüchen etc. nachweisen, was aber noch weit mehr in jedermanns Augen sprang, ehe sein Körper zur Fleischkost konnte gebracht werden; denn ein einziger Tropfen Fleischbrühe, heimlich unter seine Mehlsuppe gemischt, erregte ihm beinahe stundenlanges Übelbefinden.

f) *Ihm sind als Kind die Schutzpocken eingeimpft worden,* laut No. 7.

g) Er ist nicht aus dem Geschlechte der Israeliten, wie durch No. 10. bewiesen wird.

h) *Er hat lange Zeit seine geistigen Kräfte gar nicht geübt,* nicht einmal so viel, als das tägliche Leben unter Menschen *selbst beim Mangel jeder Erziehung* fordert. Daher der krankhafte Einfluß jeder noch so geringen Geistesoperation auf sein Nervensystem, wie immer noch aus dem Zucken in den Muskeln des Gesichts und des übrigen Körpers beim jedesmaligen Nachdenken ersichtlich ist.

*) Einen doppelt bündigen Beweis für sein Nachtleben gab früher die so lange an ihm bemerkbare Eigenschaft des tierischen Magnetismus und des Einwirkens der Metalle aus der Entfernung auf sein Gefühlsvermögen und so manches andere von sorgsamen Beobachtern an ihm Wahrgenommene, welches alles die Übergewalt des Tellurischen über das Siderische bekundete, aber bald sich verminderte und endlich ganz verloren ging, nachdem Hauser an Fleischkost war gewöhnt worden. Da nun gegenwärtig nichts mehr von dieser Eigentümlichkeit an Hauser zu bemerken ist, so durfte sie auch nicht in die obige Schilderung aufgenommen werden; sie mag also hier bloß in der Note Platz finden. Anm. d. Arztes.

Diese allgemeinen Resultate von a–e und h führen zu der allgemeinsten Schlußfolge:

daß Hauser wirklich, von seiner frühesten Kindheit an, aus der menschlichen Gesellschaft entfernt und an einem Orte, zu welchem das Tageslicht nicht zu dringen vermochte, verborgen aufgezogen worden und in diesem Zustande bis an jenen Zeitpunkt hin verblieben ist, wo er mit einem Mal, wie aus den Wolken gefallen, unter uns erschien.

Was die verschiedenen an seinem Körper vorgefundenen Narben betrifft, so steht der Angabe Hausers über den Ursprung der sub No. 8. beschriebenen nichts entgegen, weil sie noch mit Schorf bedeckt hier an ihm gefunden worden ist. Die Narben unter No. 13. bleiben unerklärt, und Hauser weiß gar nichts darüber anzugeben.

Die Narben No. 4 und 5 können auch so entstanden sein, wie Hauser es angibt; auch könnte der Turmwirt Hiltel Näheres darüber bezeugen.

Der Ursprung der Narben No. 2 und 3 ist bekannt und bereits aktenmäßig hergestellt und die ihnen vorhergegangenen Verletzungen von mir schon zu den Akten erschöpfend begutachtet worden; daher möchte hier ihre abermalige Würdigung als etwas Überflüssiges erscheinen.

Dieses auf konstatierte Erfahrungssätze aus dem Gebiete der Natur- und Arzneiwissenschaft sich gründende Gutachten sei schließlich von mir noch zur Aufrechthaltung der Rechtsform eigenhändig unterschrieben und unter dem mir zukommenden gerichtsärztlichen Siegel ausgefertigt.

Nürnberg, den 3. Dezember 1830

Königl. Baierischer Stadtgerichts-Arzt
(L. S.) *Dr. Preu*

III.

Protokoll

über die Vernehmung des Freiherrn von Tucher, zur Untersuchungssache wegen widerrechtlicher Gefangenhaltung des Kaspar Hauser

Abgehalten den 5. Dezember 1830
im Königlichen Kreis- und Stadtgericht Nürnberg,
in Gegenwart
des Kreis- und Stadtgerichts-Rates Freiherrn von Röder und des Diurnisten Müller

Freiherr von Tucher, Vormund des Findlings Kaspar Hauser, seines bereits geleisteten Eides erinnert und zur Abgabe seiner Wahrnehmungen, bezüglich des körperlichen Zustandes seines Kuranden an sich und in Bezug auf das Gutachten des Dr. Preu, welches dem Komparenten zu diesem Ende zur Einsicht vorgelegt worden war, aufgefordert, gibt an:

Ich beobachte den Kaspar Hauser seit September 1828, von welcher Zeit an ich denselben fast täglich, wenigstens alle Wochen etliche Male zu sehen Gelegenheit hatte; seit dem Juni d. J. steht er unter meiner speziellen Aufsicht in meinem Hause. Ich kann sonach auch alle Beobachtungen des Gerichts-Arztes Dr. Preu in ihrem ganzen Umfang bestätigen. Ein Versuch im Sommer 1828 gab mir den Beweis, daß er damals bei gänzlicher Finsternis an einem Spätabend 2 Stücke von dunkelbraunem und dunkelrotem Tuch genau unterschied und deren Farbe angab, während meine und Daumers Augen nicht imstande waren, diese Tuchfleckchen, wenn sie nicht auf einen hellen Grund gehalten wurden, zu sehen.

Auf einem Spaziergange sah er bei einbrechender Dämmerung in einer Entfernung von circa 150 Schritten die schwarzen Beeren eines Holunderbaumes und gab ihre Verschiedenheit von den ihm schon bekannten Schwarzbeeren an. Es war dabei so dunkel, daß ich und Professor Herrmann nur die Umrisse des Baumes erkennen konnten. Jetzt sind seine Augen zwar noch sehr scharf, haben aber die Fähigkeit, in der Finsternis so deutlich zu sehen, beinahe ganz verloren. Die Reizbarkeit seiner Augennerven ist nun aber so stark, daß er z. B. nichts zeichnen kann, ohne daß er das heftigste Augenbrennen bekäme. Seine Augen füllen sich, wie er sagt, mit einem stechenden sauern Wasser und sind in der Tat mehrere Tage lang heftig entzündet. Sein Gehör war anfangs so reizbar, daß ihm Geräusche, welche uns andern Menschen beinahe unbemerkt blieben, die heftigsten Schmerzen verursachten; jetzt kann er, wiewohl noch immer empfindlich, doch viel mehr ertragen als anfangs. Anfangs war ihm jeder Geruch unangenehm, wegen der Heftigkeit der Affektion seiner Nerven. Er konnte selbst unter vielen verschiedenen Gerüchen die einzelnen Gerüche unterscheiden. Seine Fußsohlen sind jetzt noch so weich, daß er, wenn er anhaltend zwei Stunden Weges geht, Blutblasen (keine Wasserblasen) bekommt. Seine Hände sind auch jetzt noch so weich, daß er im vergangenen Sommer bei einem einmaligen Aufhängen am Barren (Turngerüst) Schwielen und Blasen bekam. In Beziehung auf den Geruch muß ich noch nachtragen, daß er durch das Öffnen einer Champagner-Bouteille in seiner Gegenwart, und in einer Entfernung von 4 bis 5 Schritten, nach circa 5 Minuten wie betrunken und taumelnd aus dem Zimmer geführt werden mußte. Dies geschah im Februar l. J. Heute geschah es, daß er in ein Zimmer trat, in welchem, in Papier eingewickelt, ein Stückchen Kampfer lag; er mußte sich sogleich wieder entfernen, da er den heftigsten Krampfhusten bekam.

Nicht unbemerkt kann gelassen werden, auf welche Weise er sich in psychologischer Hinsicht entwickelt hat. Sein erstes Auftreten dahier zeigte vollständig einen in eine neue Welt versetzten Menschen, mit gänzlicher Unbekanntschaft mit allen zu dem gemeinen täglichen Leben gehörigen Begriffen und Gewohnheiten. Er hat seitdem vollkommen den Entwickelungsgang eines in der ersten Bildung begriffenen Kindes an sich dargestellt, so daß er jetzt in geistigen Fähigkeiten einem Knaben von 11–12 Jahren gleich steht. Seine Begierde, zu lernen und sich zu entwickeln, ist ungemessen und wird von der grenzenlosesten Beharrlichkeit, die selbst an Eigensinn grenzt, begleitet, so daß ich hierbei nur zur Sorge genötigt bin, allzugroße Anstrengungen von ihm entfernt zu halten. Seine große Gutmütigkeit, sein natürliches, unbefangenes Gemüt, und vor allem ein hohes moralisches Gefühl, welches zusammen durch die ungeschickteste und unverständigste Behandlungsweise, welche er zum Teil erfahren mußte*), nicht gemindert werden konnte, erhält ihm fortwährend die Liebe aller, die mit ihm zu tun haben. Hierbei kann ich aber auch nicht leugnen, daß jene unverständige Behandlungsweise ihm teils zu manchen Eitelkeiten, teils hin und wieder zu kleinen, aber auch sogleich *handgreiflichen* Lügen**) Veranlassung gegeben haben; jedoch kann ich pflichtmäßig versichern, daß, seit ich ihn unter geordnete Aufsicht gestellt habe, sein Benehmen durchaus tadellos ist; nur mußte ich hierbei die Bemerkung machen, daß die große Weichheit seines Gemüts noch ebenso aller Eindrücke und Umbildungen fähig und dafür empfänglich ist wie das eines Knaben von 10–12 Jahren.

Sein Charakter hat noch ebenso wenig eine Festigkeit gewonnen, die man, seinem präsumtiven physischen Alter gemäß, bei ihm annehmen könnte; es kann deshalb noch keine Rede davon sein, ihn zu irgend einem Berufe bestimmen zu wollen, da er, eben

*) Nämlich in den ersten Monaten seines Aufenthalts zu Nürnberg, wo er fast nur wie ein fremdes Tier vom Morgen bis in die Nacht den Neugierigen zur Schau ausgestellt war, in Privathäusern, Gasthöfen und Schenken umhergezeigt, und wo von jedem nach Belieben an dem Körper wie an der Seele des Unglücklichen herumexperimentiert wurde. A. v. F.

**) Die zugleich, nach Gegenstand und Zweck, ganz den Charakter von Kinderlügen an sich tragen. A. v. F.

so wie ein Knabe von dem bezeichneten Alter, nur für den Moment und dessen zufällige Eindrücke lebt und Empfindung hat. Es fehlt ihm durchaus nicht an geistigen Fähigkeiten, obwohl sie nicht glänzend sind. Es kann also sein Zustand nicht der einer Geistesschwäche, sondern nur einer Verwahrlosung sein, die Folge eines Abgeschlossenseins ist, wie wir sie an dem Unglücklichen mit der evidentesten Gewißheit annehmen müssen.

G. Freih. von Tucher
Königliche Kreis- und Stadtgerichts-Kommission.
(L. S.) von Röder
Müller

Professor Daumers Bericht über den Mordversuch gegen Kaspar Hauser am 17. Oktober 1829*)

In den jenem Attentat vorausgegangenen Tagen hatte Hauser schon eine große Angst empfunden. In meine Wohnung führte damals bis zur Treppe, an einer Holzkammer vorbei, ein langer im Winkel laufender Gang; unter der Treppe befindet sich ein Abtritt, vor welchem eine spanische Wand stand. Als Hauser vor 11 Uhr vormittags an diesem Abtritte sich eben seine Kleider zurechtmachen wollte, hörte er die Holzkammer öffnen, darauf leise die Hausglocke ertönen. Der Mörder hatte in der Holzkammer gelauert, wahrscheinlich um, wenn Hauser um 11 Uhr, wie er pflegte, eine Lehrstunde zu besuchen ginge und vor der Holzkammer vorbei käme, ihm entgegenzustürzen. Ich aber hatte ihm für diesen Tag jene Lehrstunde erlassen;**) ein glücklicher Umstand, da sonst Hauser wohl zum Tode getroffen worden wäre. Der

*) Siehe Georg Friedrich Daumer, Kaspar Hauser. Dornach 1983, Note †.

**) Es geschah wegen Unwohlseins, das seinen Grund in der schon oben erwähnten merkwürdigen Ahnung hatte.

Mann hatte nun Hauser auf den Abtritt gehen gehört und änderte darnach seinen Plan. Er langte, was leicht geschehen konnte, an die Klingel, als er sich schon im Hause befand, um zu erproben, ob man im Hause aufmerksam sei oder auch, um Hauser vorzulocken. Hauser meinte, eine weibliche Person des Hauses sei in der Holzkammer,*) und rief ihr zu, sie solle die Haustür öffnen, da man die Glocke gezogen. Hierauf kam der Mann mit leisen Schritten vorgegangen, und Hauser, der ihn durch die spanische Wand hindurch erblickte, glaubte, des schwarzvermummten Gesichtes wegen, es sei der Schornsteinfeger. Jener trat in den engen Raum zwischen die Mauer und die spanische Wand und führte mit einem Hackmesser quer einen Streich in den Abtritt hinein auf Hausers Stirne, der durch eine Zurückbeugung des Kopfes die Kraft des Hiebes schwächte.**) Hauser, der niedergestürzt war, muß, nach dem vielen an der Stelle vergossenen Blute zu urteilen, lange gelegen sein, bis er sich aufraffte und die Treppe hinauf ging, um in das Zimmer meiner Mutter zu kommen. Allein die Betäubung, in der er war, machte, daß er statt dessen in sein eigenes Zimmer kam.†) Aus diesem heraus geriet er, statt noch eine Treppe höher zu steigen, wieder die untere Treppe hinab, und floh endlich in den Keller. Wie er diesen, den er sonst schwer öffnete, aufgemacht, über sich geschlossen und die Kellertreppe hinabgekommen, war ihm selbst nachher ein Rätsel. Neben dem Keller eröffnete sich ein dunkles Gewölbe, dessen Boden mit Wasser überflossen ist. Als Hauser in dieses Wasser trat, kam er wieder zur Besinnung, bemerkte in einem Winkel das einzige

*) Ich selbst war nicht zu Hause, aber zwei andere mir verwandte Personen.

**) Auch kam der Mann, nach Hausers Beschreibung, so zu stehen, daß er den Streich mit der linken Hand führen mußte. Angeschrieen wurde Hauser dabei ebenso wenig, als er selbst fürchterlich schrie, wie man in öffentlichen Blättern gelesen hat.

†) An einem vor diesem Zimmer befindlichen Schranke waren deutliche Spuren der blutigen Finger zu sehen, mit denen er sich an ihm angehalten hatte.

trockene Plätzchen des Gewölbes und setzte sich dahin.*) Nun folgte Erbrechen; er hörte 12 Uhr schlagen und dachte, hier werde ihn niemand mehr finden, da werde er sterben müssen. Dann fiel er in Besinnungslosigkeit, und in diesem Zustande wurde er gefunden, da die Blutspuren in das Kellergewölbe geführt hatten. Als man ihn ins Bett getragen hatte, verlangte er zu mir nach Hause gebracht zu werden. Ich war eben nach Hause gekommen, und als ich ihm deutlich gemacht hatte, daß ich zugegen sei, (seine Augen waren erblindet), erzählte er in abgebrochenen Worten**) den Hergang der Sache, worauf er bald wieder in Besinnungslosigkeit fiel, die nun zwei Tage lang mit von Zeit zu Zeit ausbrechenden Paroxismen anhielt, in denen mehrere starke Männer Mühe hatten, ihn zu bändigen. Auch wenn die Wunde im geringsten berührt wurde oder ein Lichtschein auf seine Augen fiel, kamen die Anfälle.

*) Diese Stelle des Gewölbes ist so finster, daß man ohne hinzugebrachtes Licht nicht das geringste unterscheiden kann. Da Hauser die frühere Fähigkeit, im Dunkeln zu sehen, längst verloren hatte, so scheint eine gewöhnliche Erklärungsart hier nicht hinreichend zu sein.

**) Sie lauteten ungefähr folgendermaßen: «Professor erzählen» (d. h. er wolle es mir erzählen) – «Abtritt Mann schlagen» – «schwarzer Mann» – «wie in der Küche» (er war einmal vor einem Schornsteinfeger in der Küche sehr erschrocken), – «ich Mutter sagen» (d. h. er habe es meiner Mutter sagen wollen) – «nicht gefunden» – «in mein Zimmer gekommen» – «hinunter» – «in Keller versteckt.»

KASPAR HAUSER

in Publikationen anthroposophischer Verlage

Peter Tradowsky

Kaspar Hauser

oder das Ringen um den Geist
Ein Beitrag zum Verständnis des 19. und 20. Jahrhunderts

1. Auflage 1980 – 3. Auflage 1983

Philisophisch-Anthroposophisher Verlag am Goetheanum, Dornach/Schweiz

Dazu bringt der Rudolf Geering Verlag, herausgegeben und eingeleitet von Peter Tradowsky, die drei bedeutendsten authentischen Berichte – ungekürzt, so wie sie zu Lebzeiten Kaspar Hausers beziehungsweise kurz nach seinem Tod erschienen sind:

Georg Friedrich Daumer

Kaspar Hauser

Nachdruck der Originalausgabe von 1832

Heinrich Fuhrmann

Kaspar Hauser

Beobachtet und dargestellt in der letzten Zeit seines Lebens – Confirmationsfeier – Trauerrede

Nachdruck der Originalausgaben von 1833 bzw. 1834

Anselm von Feuerbach

Kaspar Hauser

Beispiel eines Verbrechens am Seelenleben des Menschen

Nachdruck der Originalausgabe von 1832

Im Anhang: Feuerbachs «Mémoire» und «Einige wichtige Aktenstücke den unglücklichen Findling betreffend» (1831)

Peter Tradowsky/Johannes Mayer

Kaspar Hauser

Das Kind von Europa

In Wort und Bild dargestellt von Peter Tradowsky und Johannes Mayer

Neuerscheinung 1983/84

Verlag Urachhaus Stuttgart

Karl Heyer

Kaspar Hauser

und das Schicksal Mitteleuropas im 19. Jahrhundert

3. durchgesehene und verbesserte Auflage 1983

Verlag Freies Geistesleben Stuttgart